KB146536

초코파이보드로 신나게 풀어보는

스크래치 프로그래밍

Storytelling

성영훈 · 문외식 공저

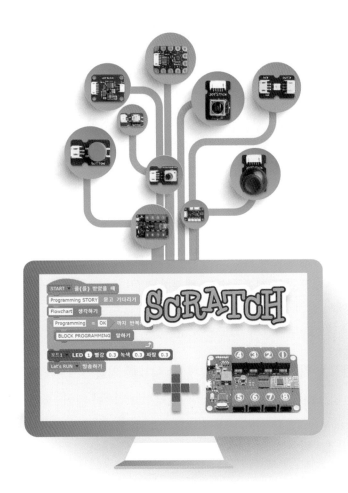

카오스북
CHAOS BOOK

책 소개

스크래치는 MIT 미디어랩에서 운영하는 무료 프로젝트로서 다양한 이야기, 게임, 에니메이션을 만들수 있는 블록형 프로그래밍 저작도구입니다. SW교육을 위해 프로그래밍을 처음 접하는 초보자들에게 유용한 소프트웨어로 전세계 150개 이상의 나라의 사용자들에게 사랑을 받고 있습니다.

특히 스크래치x 프로젝트는 스크래치와 각종 센서들이 결합되어 있는 다양한 센서보드(초코파이보드, 아두이노, 레고 we do 2.0 등)과 융합하여 피지컬 컴퓨팅 환경에서 학습자들의 컴퓨팅 사고, 의사소통능력, 문제해결력 등을 길러줄 수 있습니다.

이 책에서는 초코파이보드 기반의 스크래치 프로그래밍을 쉽게 이해할 수 있도록 다음과 같이 구성하였습니다.

◆스토리텔링 기반의 프로그래밍 학습

책 속에 나오는 인물들과의 관계속에 펼쳐지는 이야기 속에서 제시되는 프로그램을 만들어 봄으로써 자연스럽게 프로그래밍 방법에 대해 알 수 있도록 구성하였습니다. 또한 주제별 문제를 해결하고 끝나는 단편식의 구성이 아닌 전체 책 속에서 펼쳐지는 이야기들간의 연관성을 통해 자연스럽게 기본과정에서 심화된 과정으로 나아갈 수 있도록 구성하였습니다.

◆문제해결을 위한 프로그래밍 설계 및 실제를 학습하기 위한 체계적 구성

실제 프로그래밍을 위한 설계와 프로그램을 만들기 위한 절차들을 Programming Story, Design, Flowchart, Programming, Mission의 5 단계로 구분하여 보다 체계적인 학습이 가능하도록 설계하였습니다.

프로그래밍 학습 뿐만 아니라 문제해결력을 향상시킨다는 것은 학습자 스스로 정보를 검색하고 수집한 정보속에서 자신만의 유용한 지식으로 변화시키고 제시되는 문제에 적용할 수 있는 능력을 의미하는 것이기 때문입니다. 따라서 이 책은 스크래치에 대한 블록 하나하나를 다루고 있지 않습니다. 구글에서 스크래치와 관련된 몇 가지 단어만 검색해도 관련된 정보들이 엄청나게 쏟아지고 있기 때문입니다.

책에서 다루고 있는 내용과 관련하여 소스 및 더 깊은 내용을 보시려면 '초코파이보드(http://chocopi.org)' 홈페이지를 참고하시면 됩니다. 이 책을 통해 프로그래밍 방법에 대한 기본적인 이해와 더불어 새로운 것을 만들어 내는 즐거움이 무엇인지 알게 되는 여러분이 되시길 기대해 봅니다.

끝으로 언제나 깊은 영감으로 지혜를 허락하신 하나님께 감사드리고 가을이 지나고 겨울 초입에서도 묵묵히 원고들을 꼼꼼히 검토해 준 사랑하는 아내와 신나는 아이디어를 제공해 준 현, 우, 은에게 고마움을 표현합니다(성영훈). 또한 이 책의 기술을 위해 한번씩 지나가는 말로 번뜩이는 아이디어를 툭툭 던져주신 (주)한국과학 전광욱 대리님, 아름다운 색감으로 미려함의 깊이를 더 해주신 OPSdesign팀, 화룡점정의 삽화를 그려주신 김이철작가님 모두 깊은 감사의 말씀을 올려드립니다.

2017년 3월

저자 일동

알아두기

이 책은 이야기, 디자인, 순서도, 프로그래밍 및 미션 총 5단계로 구성되어 있으며 단계별로 살펴보면 다음과 같습니다.

● 이야기

- 인물들의 이야기 속에 전개되는 프로그래밍 아이디어를 제시하고 있습니다.
- 살펴보기: 이야기 속에 등장하는 간단한 프로그램, 사용 방법 등에 대한 설명

● 디자인

- 완성된 화면을 통해 실제 실행 결과를 상상할 수 있습니다.
- 필요시 초코파이보드 활용 블록들에 대해 설명하였습니다.

● Flowchart

● 프로그래밍

- 무대배경, 스프라이트들 속에 이벤트 중심의 프로그래밍 내용을 설명하고 있습니다.

● Programming Story

파이어볼을 장착한 루프는 고울과 전투를 벌이고 있습니다.
마우스로 파이어볼의 방향을 잡아서 나타나는 고울을 잡는 게임입니다.
루프의 생명은 5로 하고 고울을 잡으면 끝납니다.

● 숫자패턴

tv모니터에서 표시하고 있는 패턴을 분석하면 다음과 같습니다.

- 예를 들어 아무것도 표시되지 않으면 0을 나타냅니다. 불이 들어오면 1로 나타냅니다. LED의 위치값은 2의 제곱근으로 승수를 나타내고 있습니다.
- 1번 위치에 빨간 ... ... 들어오는

● 파이보드 연결

[LED 해독기 만들기]

- 빈에게 휴대하기 좋은 LED 해독기를 만들어 주기 위해서 LED 빛이 너무 밝기 때문에 주위에서 휴대폰 배터리케이스와 같은 휴대 간편한 물건을 구합니다. 다음 그림과 같이 해당부분에 전선케이블이 나가야하기 때문에 커터칼 등으로 도려내어 만듭니다. 또는 탁구공이나 반투명한 테이프 등을 이용하여 붙여도 됩니다(숙련된 사람만 하고 꼭 안전에 유의하여야 합니다. 케이스는 제공되지 않습니다).

● 순서도

● Programming

● 무대배경

무대배경은 다크버그의 성으로 가는 길목에 있으므로 castle3으로 설정합니다.

● 스프라이트 추가

루프 스프라이트인 Robot1, tv모니터, 숫자 0과 1파일을 불러와서 스프라이트에 추가합니다.
– 소스파일 참고

[tv모니터 배치]

- tv모니터 스프라이트를 다음과 같이 배치하고 클릭했을 경우 1000번째로 물러나기로 하여 배경의 맨 뒤로 보냅니다.

● **미션**
• 프로그래밍 단계에서 배운 내용을 응용하여 도전해 볼 수 있는 과제들을 제시하고 있습니다.

첫째, 이야기 단계는 만들고자 하는 프로그램을 진행되고 있는 인물들과 사건들 간의 스토리속에 자연스럽게 녹여내어 학습자가 보다 쉽게 아이디어를 떠올릴 수 있도록 하였습니다.

둘째, 디자인 단계는 학습자들이 프로그램 및 초코파이보드 제작과 더불어 만드는 소프트웨어가 하드웨어(초코파이보드)속에서 어떻게 동작하게 될 것인지에 대한 전체적 그림을 보여줌으로써 학습자의 프로그래밍 개념을 강화시킬 수 있도록 하였습니다.

셋째, 순서도 단계는 전체적인 프로그램에 대한 개략적인 순서와 절차를 제시함으로써 학습자가 컴퓨팅 사고 기반의 프로그래밍이 가능하도록 표현하였습니다.

넷째, 프로그래밍 단계는 실제 학습자들이 개념적으로 디자인하고 설계하였던 프로그램을 이벤트 중심의 절차적 프로그래밍으로 풀어냄으로서 단계별로 진화되는 프로그래밍의 재미와 성취감을 느낄 수 있도록 구성하였습니다.

다섯째, 미션 단계는 프로그래밍 단계에서 배우고 익힌 내용을 기반으로 한단계 더 나아간 새로운 프로젝트들을 해 봄으로써 주제와 관련하여 보다 심도깊은 학습이 가능하도록 구성하였습니다.

또한 책의 내용에서 학습자들이 이해하기 어려운 부분들은 책 속의 {살펴보기}를 통해서 체계적이면서 쉽게 이해할 수 있는 내용으로 제시하였습니다.

인물 설명

● **소프테리안(Softerian)**

빈(BIN, binary)
주인공, 컴퓨터의 0과
1을 상징하는 의미를
가지고 있다.

깁슨(Gibson)
빈의 외할아버지, 전
통적인 성격과 온화한
성품을 가지고 있다.

베리(Vary, Variation)
빈의 엄마로서 변수
(Variation)를 뜻한다.

루프(Loop)
로봇강아지, 반복되는
일들(Loop)을 신속하
고 정확히 처리할 수 있
고 다양한 기능을 가진
프로그래밍 가능한 로
봇이다.

● **하드웨리안(Hardwerian)**

다크버그(DarkBug)
스크래치 소스에 기생하고 있는
버그로 보이지 않는 블록들을
제어하는 기술을 가지고 있다.

엘스(Else)
소프테리안으로 이프의 쌍둥
이 여동생이었으나 과거 하드
웨리안 전쟁당시의 사고로 인
해 하드웨리안으로 변했으며
기억을 잃어버린 상태이다.

고울(Ghoul)
캐시상태로 떠돌아 다니는 가
베지값이나 다크버그가 부활
시켜 새로운 버그들로 만들어
졌다.

● **미들웨리안(Middlewerian)**

이프(If)
원래 소프테리안이었으나 과
거 하드웨리안 전쟁당시의 사
고로 인해 미들웨리안이 된
상태이며, 쌍둥이 동생 엘스
에 대한 기억을 잃어버렸다.

펑크
(Func, function)
수상한 소년이며,
펑크에 대한 정보는
없다.

소스 구성

각 주제의 이름과 연관된 소스파일을 제공하고 있으며 독자가 보다 쉽게 이해할 수 있도록 프로그래밍을 위한 기본파일과 완성된 파일 2가지로 제공하였습니다.

자세한 내용은 초코파이보드 공식 홈페이지를 참고하세요.

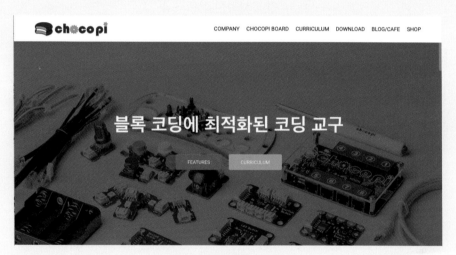

[초코파이보드 홈페이지]

차례

빈의 집에서

● **Programming Story**

"삐비빅~~" 하는 소리에 놀라서 빈은 눈을 떴습니다.

머리가 깨질 듯이 아파왔습니다.

창문 건너편을 보니 외할아버지 깁슨과 강아지 로봇 루프가 정원 앞에서 놀고 있는 모습을 보았습니다.

책상 앞에 놓여 있는 컴퓨터에는 이전에 보지 못했던 화면이 펼쳐져 있었습니다.

> 이프는 내가 데려간다.
> 다크버그로부터

"할아버지, 할아버지!"

다급하게 부르는 빈의 목소리에 할아버지와 루프는 방 안으로 달려갔습니다.

"다크버그가 이프를 데리고 갔데요…. 어떡하죠?"

할아버지는 모니터에 펼쳐져 있는 수수께기 같은 메신저를 클릭 하였습니다.

> 잘 들어라 빈
>
> 이프를 찾고 싶거든 숲 속 소스학교로 와라.
>
> 너도 잘 알것이다. 소스학교 문을 열 수 있는 것은
>
> 하나 밖에 없다는 것을....

눈물을 글썽이며 빈은 할아버지를 쳐다볼 수 밖에 없었습니다.

"할아버지, 이제 어쩌면 좋죠? 소스학교 문을 열려면 프로그램을 해야 되는데… 저
는 아무것도 할 줄 몰라요…"

잠시의 침묵이 흐르고 할아버지는 빈의 어깨를 쓰다듬으며 말했습니다.

"빈, 걱정말아라. 너희 엄마 베리가 네게 남기고 간 소스책이 있단다. 거기를 열어
보면 아마 실마리를 찾을 수 있을 것 같다"

거실로 한걸음에 달려갔습니다. 티비장에 놓은 어렸을 적 빈을 안고 있는 엄마의 빛바
랜 사진을 치우자 먼지로 덮여 있는 작은 책을 발견할 수 있었습니다.

책에는 이렇게 쓰여 있었습니다.

"코딩과 프로그래밍"

"그래, 이거구나. 바로 우리가 찾던 너희 엄마의 소스책이다."

"이건 엄마가 프로그램을 만들 때 사용하시던 전자책이네."

"할아버지, 코딩과 프로그래밍은 무엇인가요?"

"루프! ?화면에 코딩과 프로그래밍에 대해서 비춰줘 봐."

코딩이란 프로그래밍 언어를 활용하여 소스코드를 만드는 것을 의미합니다.

그러나, 프로그래밍이란 단순한 명령어들을 사용하여 소스코드를 만드는 코딩의 차원을 넘어서 소스코드들을 연결하여 문제해결을 위한 방법과 절차들을 만들어 내는 것을 의미합니다.

그렇다면, 코더(coder)와 프로그래머(programmer)의 차이는 어디에서 올까요?

예를 들어 제한된 시간내에 A장소에서 B장소로 물건을 옮겨야 한다고 가정해 봅시다. 코더는 "제한된 시간"에 집중하여 A장소에서 B장소로 물건을 옮기기만 하면 됩니다. 그러나 프로그래머는 물건은 A장소에서 B장소로 옮기는데 "제한된 시간"을 더욱 효과적으로 절약할 수 있는 "문제해결방법"을 적용하는데 있습니다.

"삐리릭~~" 이 때, 컴퓨터 화면에서 이미지가 나타났습니다. 이프였습니다.

"이프~~!! 괜찮은거야? 지금 어디냐?"

"빈, 다크버그가 자고있는 틈을 타서 네게 연락했어. 다크버그는 무슨 스크래치인가 하는 프로그램의 소스를 먹고 사는 것 같아. 스크래치에 다크버그를 없앨 수 있는 소스를 공유하면 될 것 같은데… 빈, 빨리 도와줘. 부탁이야. 여긴 너무 어둡고 무서워…"

"치이이익~~~" 화면에서 갑자기 이상한 소리와 함께 꺼져버렸습니다.

"이프~~~! 내가 소스를 만들어서 갈께… 조금만 기다려 이프!!"

"할아버지, 스크래치에서 소스를 만들어 내는 방법을 알려주세요. 시간이 급해요."

"단순히 스크래치 소스만 만들어서는 될 문제가 아닌 것 같다. 빈. 이건 아마도 소스와 파이를 결합해야만 다크버그를 물리칠 수 있을 것 같아"

"스크래치가 뭔지도 모르고, 소스, 파이…이게 다 ?무엇인가요? 이래서 어떻게 이프를 구할 수 있겠어요?"

빈은 그대로 주저앉고 말았습니다. 루프는 영상을 끄고 빈에게로 다가와서 빈의 눈동자를 보고 있었습니다.

"빈, 너무 급하게 생각하지 말자. 일단 다크버그가 잠들어 있다는 것은 아직 어떤 소스가 실행되지 않은 것 같아. 우선 스크래치에 접속해서 프로그램 소스를 만드는 것부터 알아봐야 할 것 같다. 그리고 나서 다크버그의 약점을 알아내어 오히려 공격하면 될 것 같아."

"루프, 스크래치에 접속하는 방법을 보여줘."

스크래치 알아보기

◆스크래치 계정 만들기

스크래치는 빈이 어렸을 때, 엄마 베리가 MIT에 재학하던 시절 사용하던 프로그램이었습니다.

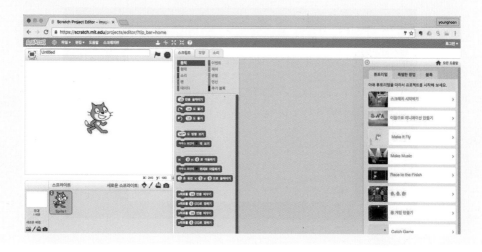

스크래치에 접속하기 위해서는 크롬 브라우저에서 https://scratch.mit.edu/를 입력하거나 구글검색화면에서 스크래치라고 입력하여 나타난 검색결과에서 Scratch - Imagine, Program, Share 링크를 클릭하면 접속할 수 있습니다.

[구글에서 스크래치를 검색한 화면]

스크래치를 사용하기 위해서는 다음과 같이 로그인 할 수 있는 계정이 필요합니다.

1단계 화면의 맨 오른쪽에서 '스크래치 가입' 버튼을 클릭합니다.

2단계 스크래치 가입 화면이 나타나면 '스크래치 사용자 이름 입력', '비밀번호 입력', '비밀번호 확인'을 입력합니다. '스크래치 사용자 이름 입력'에 입력한 내용이 아이디가 됩니다.

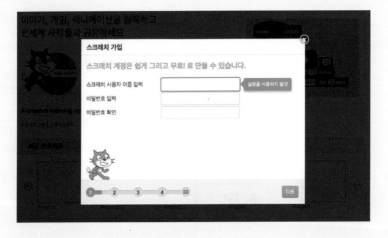

3단계 생년월일, 성별, 국가를 입력합니다.

4단계 미성년자일 경우 부모님의 이메일 주소를 입력합니다.

5단계 간단하게 계정을 만들었습니다.

✻ 만든 계정을 활성화 시키기 위해서는 부모님의 이메일 주소로 온 계정확인 메일을 열어서 '이메일 주소 확인하기' 버튼을 클릭하여 계정을 활성화 하여야 합니다.

[스크래치로부터 온 계정 확인 메일]

◆스크래치 접속

로그인을 하게 되면 위의 그림과 같은 화면이 나타납니다.

"할아버지, 빨리 프로그램을 만들고 싶어요"

"빈…… 일단 조금 멀리 떨어져서 해결해야 될 문제를 하나씩 생각해 보자. 다크버그는 분명 소스에 숨어있을 꺼야. 그렇다면 숨어있는 다크버그를 찾아내는 방법부터 알아 봐야하겠지?"

"네, 맞아요."

"루프, 간단하게 스크래치에 대해서 좀 더 보여줘봐."

루프는 할아버지의 말을 듣기 무섭게 스크래치의 화면을 비추었습니다

1.1.1 고양이를 이동시켜라

● **Programming Story**

화면의 왼쪽 위에 있는 '만들기'버튼을 클릭하면 다음과 같이 스크래치 프로그램을 만들 수 있는 화면이 나타납니다.

"자, 그럼 고양이를 한 번 움직여 볼까?"

"그냥, 마우스로 끌어다가 놓으면 되는거 아닌가요?"

"그래, 그런 방법도 있지, 하지만 좀 더 자동적으로 움직이게 하려면 어떻게 해야할까?"

왼쪽의 스크립트에 있는 파란색의 동작블록 중 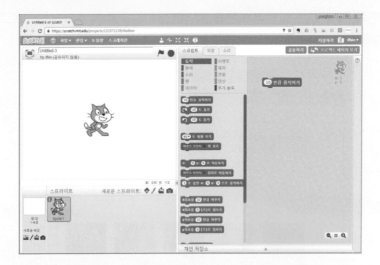 10 만큼 움직이기 를 클릭하여 오른쪽 블록에 에디터(편집창)에 끌어다 놓는다.

그리고 해당 블록을 계속해서 클릭하면, 왼쪽에 있는 고양이가 움직인다.

"그렇다면, 고양이를 왼쪽 끝에서 오른쪽 끝까지 자동으로 이동시키려면 어떻게 해야 할까?"

"고양이를 왼쪽으로 가져다 놓고, 10 만큼 움직이기 를 계속해서 가져다 놓으면 되는 것 아닐까요?"

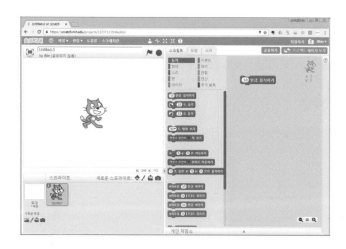

"그래, 그것도 좋은 생각이구나! 빈, 화면의 깃발모양 ▶ 을 클릭하면 자동으로 실행되도록 한 번 해 보려면 어떻게 해야할까? 그리고 스크립트 블록들에 있는 동작, 형태, 소리, 펜, 데이터 등등 한 번씩 클릭해 보렴"

살펴보기

◆ 프로그램의 실행

깃발모양 ▶ 을 클릭하면 스크래치가 실행되고 ⬤ 을 클릭하면 실행이 정지됩니다.

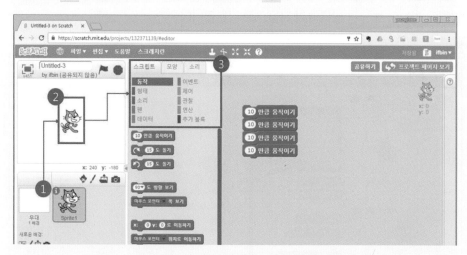

스크래치에서는 ❶ 선택된 스프라이트가 ❷ 무대에서 움직이거나 활동하게 되는 다양한 내용을 ❸ 스크립트의 블록들, 스프라이트의 모양, 스프라이트에서 내는 소리 등

을 결합해서 만들게 됩니다.

하나의 스프라이트는 이렇게 ❶, ❷, ❸이 연결되어 있는 것입니다.

◆이벤트의 발생

깃발을 클릭한다는 것은 '이벤트'가 발생된다는 것을 의미합니다.

스크립트의 '이벤트 블록'을 클릭하여 클릭했을 때 블록을 끌어다가 스크립트 영역에 가져다 놓습니다.

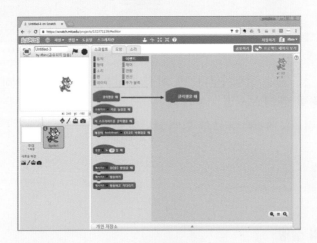

스크립트의 '동작 블록'을 클릭하여 10 만큼 움직이기 블록을 여러 번 끌어다가 스크립트 영역에 가져다 놓으면 블록들이 자동으로 결합됩니다.

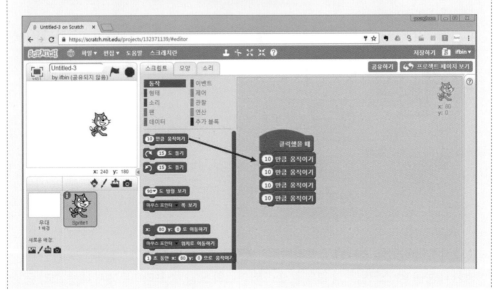

자, 그렇다면 이제 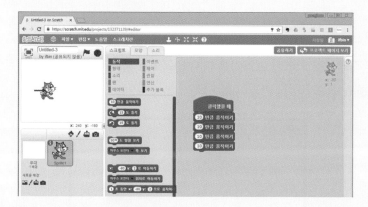 을 클릭해 볼까요?

고양이가 오른쪽으로 이동하는 것을 볼 수 있습니다. 계속해서 깃발을 클릭해 봅시다.

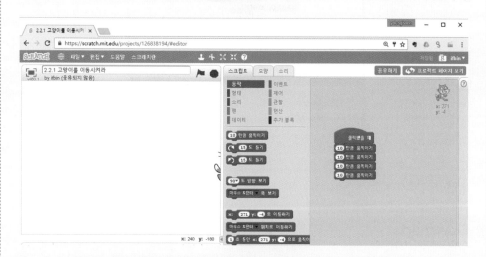

고양이가 오른쪽 끝에서 더 이상 움직이지 않는 것을 볼 수 있습니다.

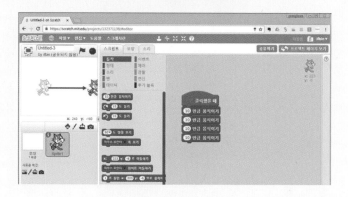

● **Design**

이제 오른쪽 끝으로 가버린 고양이를 다시 왼쪽으로 불러서 다른 스프라이트로 한 번 바꾸어 이동하는 프로그램을 만들어 볼까요?

[완성된 화면]

● **Flowchart**

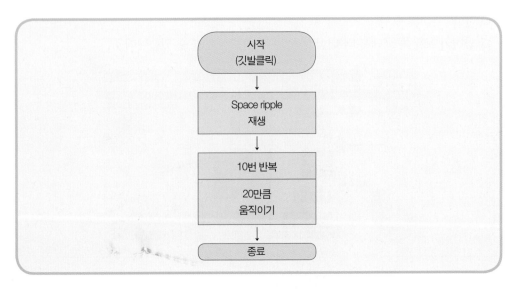

● Programming

① 꼬리를 잡아다가 무대의 왼쪽으로 이동시킵니다. 모양탭을 클릭하면 다음과 같은 화면이 나타납니다.

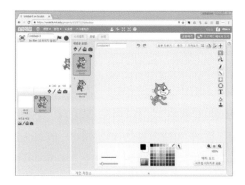

● 현재 선택된 스프라이트는 고양이 (Costume1)입니다.

● 새로운 스프라이트를 추가하려면 여기에서 ◆/📁📷의 샤기컷 🐱 아이콘을 클릭하면 스프라이트 저장소가 다음과 같이 나타나는데 자신이 원하는 스프라이트를 선택할 수 있습니다. 비행기(air-plane2)를 선택합니다.

● 그러면 선택한 비행기 스프라이트가 선택되고, 고양이에서 비행기 스프라이트의 모양으로 변경되어 있는 것을 알 수 있습니다.

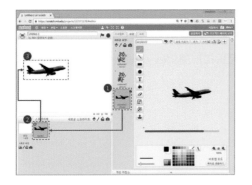

을 클릭하여 새로운 스프라이트를 그리거나, 을 클릭하여 스프라이트 모양 파일을 업로드할 수도 있고, 을 클릭해서 카메라를 통해 사진을 찍어 올릴 수도 있습니다.

또한 선택된 스프라이트 모양의 '이름', 예를 들어 비행기를 선택하려면 airplane2가 이름이라는 것 잊지 마세요. 또한 선택한 스프라이트에서 를 클릭하면 삭제됩니다.

② 비행기로 바뀐 스프라이트에 맞는 소리를 찾아줍시다.

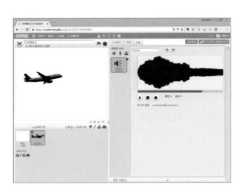

소리 탭을 클릭하면 왼쪽과 같은 화면이 나타납니다.

새로운 소리:
에서 를 클릭하여 소리저장소에서 새로운 소리를 불러옵니다.

목록의 '전자음'에서 'space ripple'을 선택합니다.

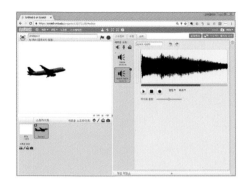

새로운 소리가 추가되어 있는 것을 볼 수 있습니다.

─Tip─

만들고자 하는 것을 아래와 같이 하나씩 나누어 보면 훨씬 쉽고 빠르게 만들 수 있습니다.

③ 이제 깃발을 클릭하면 비행기가 소리를 내면서 60만큼 이동하는 것을 만들어 봅시다.

"깃발을 클릭하면 / 비행기가 소리를 내면서 / 60만큼 이동하는 것"

실행 순서를 나타내면 왼쪽 그림과 같습니다.

우선 '깃발을 클릭하면'은 아까 이벤트 블록에서 만들어 보았으니 다음과 같은 모양으로 되어 있을 겁니다.

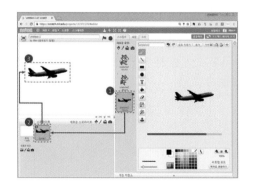

비행기 스프라이트에 추가한 소리를 재생하기 위해서 '소리' 블록에서 다음과 같이 재생하기 블록을 끌어다 놓습니다.

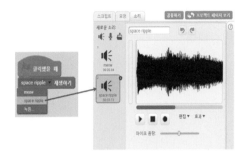 블록에서 다음과 같이 살펴
보면 비행기 스프라이트에 저장되어 있는
소리들을 선택할 수 있습니다.

이렇게 서로 연결되어 있다는 것을 이해할 수 있겠지요?

다음으로 비행기를 20만큼 3번 움직이게 하면 총 60만큼 이동하게 되는 것이니 '동작'
블록에서 10 만큼 움직이기 를 끌어다가 놓은 뒤에 숫자 10을 더블클릭하여 다음과 같이 20으
로 변경합니다.

계속해서 같은 방법으로 왼쪽과 같이 만듭니다.

그럼 실행해 볼까요?

깃발을 클릭할 때마다 비행기가 '요상한 소리'를 내면서 60만큼 이동하는 것을 볼 수 있
습니다.

"할아버지, 그런데 블록을 같은 것을 계속 옮겨 놓으려니까 귀찮아요. 한 번에 좀
더 쉽게 할 수 있는 방법이 없나요?"

"좋은 질문이다, 빈. 컴퓨터란 원래 일을 자동적으로 하게끔 만들어 주는 것이 목적
이란다. 루프~ 좀 더 간단한 방법을 보여줘봐"

④ 다음의 순서도를 살펴봅시다.

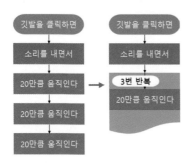

'20만큼 움직이는 것'이 '3번'반복되고 있으므로 왼쪽 그림과 같이 바꿀 수 있습니다.

'제어' 블록에 보면 반복해서 일을 처리할 수 있도록 하는  블록이 있습니다.

'10'번 반복하기를 마우스를 '10'에 더블클릭하여 '3'으로 수정합니다.

그 다음 '동작' 블록에서 를 가져와서 '반복하기'블록속에 끌어다 놓은 뒤에 '10'만큼 움직이기를 '20'만큼 움직이기로 변경합니다.

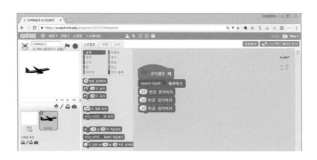

실행해 보면 똑같이 비행기가 60만큼 움직이는 것을 알 수 있습니다.

"할아버지, 아까보다 훨씬 간단하게 만들어진 것 같아요."

"그래, 조금 복잡했던 것이 쉽고 간단하게 되었지? 오늘은 여기까지 하자꾸나."

1.2 베리의 서재

● **Programming Story**

짙은 어둠이 산을 뒤덮고 있었습니다.

빈은 엄마의 전자책을 살펴보다가 깜빡 잠이 들었습니다.

아침이었습니다.

🧒 "빈!! 내 사랑하는 아들 빈아! 어서 일어나렴"

🧑 "으으으음… 으~~아암 잘 잤다"

침대에서 일어나 엄마의 목소리가 들리는 서재로 뛰어갔습니다.

🧒 "엄마, 오늘은 어떤 종류의 파이를 만드셨어요? 막 소리도 나는거예요? 아니면 빛??"

👩 "그럼~~ 아들.. 엄마가 벌써 이렇게 준비해 놓았지~~ 자! 어서 와서보렴"

비바람이 갑자기 몰아치기 시작했습니다. 창문이 심하게 흔들리기 시작하고 서재위의 책들이 흔들리기 시작했습니다. 책상위에 놓여있는 LED들(빛)로 연결된 파이가 흔들리더니 아래로 떨어졌습니다.

"쉬이이익~~"

🧒 "아…이걸 어쩌지? 파이에서 연기가 나와…."

책상 아래에 떨어져 있는 파이를 집으려는 순간…. 뒤에서 루프가 뛰어오더니 파이를 비추었습니다.

👧 "조심해!!! 빈"

그때였습니다.

파이위에 꿈틀거리는 까맣게 생긴 무엇인가가 나오더니 연기처럼 저 창밖으로 사라져 버렸습니다.

"엄마 방금 그게 뭐였어요???"

한동안 놀란 눈으로 동그랗게 엄마를 쳐다보았습니다.

"빈. 그건 말이야…. 엄마가 자동으로 작동하고 모양도 바꿀 수 있는 파이를 설계하고 있었는데 엊그제부터 파이 안에서 이상한 것이 보이기 시작하더니 만들고 있는 프로그램을 엉망으로 만들어 버렸구나."

"치…치지지지직……"

번개와 같은 소리가 서재를 흔들고 마치 연기처럼 모든 것이 하얗게 변해버렸습니다.

정신을 차리고 보니 엄마가 없는 것이 아니겠습니까?

"엄마? 엄마!!!?? 어디 가셨어요?"

다급해진 마음에 소리를 질러 보았지만…. 아래에는 까맣게 타버린 파이가 남아있었습니다. 창밖너머 희미하게 들려오는 소리가 있었습니다.

"빈아~ 엄마의 서재에 파이가 있을꺼야. 파이를 다시금 켜보면 엄마가 남긴 쪽지가 있을꺼야.."

"엄마, 그건 또 무슨 소리예요. 파이는 뭐고 쪽지는 또 무슨 말이예요? 그냥 예전처럼 내게 엄마가 만든 빛나는 파이를 보여주면 안돼요? 네? 엄마??? 어디계세요? 네? 엄마!!!!!!"

"삐리리리리~~~~삐~~~"

창밖에는 새벽부터 비가 내렸는지 빗방울이 흐르고 있었습니다.

옆에는 엄마의 전자책을 열기 위한 루프의 주파수 소리로 맞추고 있었습니다.

'꿈이었네…. 엄마가 만든 파이, 쪽지…이것이 다 무슨말이지??

물을 한 컵 들이키고는 서재로 걸어갔습니다. 어젯밤에 놓아둔 엄마의 전자책 아래에 작은서랍을 열어보니, 예전에 엄마와 같이 만들었던 초코색 모양의 파이가 놓여있습니다. 열어본지 꽤 되었는지 먼지가 수북히 쌓여있었습니다.

"후~~~~"

🐷 "루프, 파이를 켜기 위해서는 어떻게 해야되는지 알려줘."

루프는 벽면옆에 파이를 켜기 위한 새로운 스크래치 프로그램을 보여주었습니다.

1.2.1 초코파이보드를 위한 스크래치x 설치하기

[초코파이보드 기본팩]

초코파이보드를 사용하기 위해서는 우선 프로그램을 다운로드 받아야 합니다.

웹주소창에 http://chocopi.org 를 입력하거나 검색창에서chocopi.org라고 입력하고 엔터키를 입력합니다.

① 오른쪽에서 DOWNLOAD 링크를 클릭합니다.

② 최신 초코파이보드 실행파일(ex: Chocopi V1.3)을 클릭합니다(파일명은 달라질 수 있습니다).

③ 오른쪽 끝의 다운로드 링크를 클릭하여 설치파일을 다운로드 받습니다.

④ 압축프로그램(알집 등)을 사용하여 다운로드 받은 압축파일을 풉니다.

⑤ 압축이 풀린 파일에서 Chocopi 실행 파일을 더블 클릭하여 프로그램을 실행합니다.

Windows7 이상 프레임워크 4.0 운영체제에서는 ChocoPi.exe 파일 선택하여 실행

Win Xp, Windows7 프레임워크3.5에서는 ChocoPi_Window_XP.exe파일 실행

설치된 .NET Framework 확인방법은 다음과 같습니다.
제어판 > 프로그램 및 기능(또는 프로그램 추가 제거) > Microsoft.NET Framework
버전확인

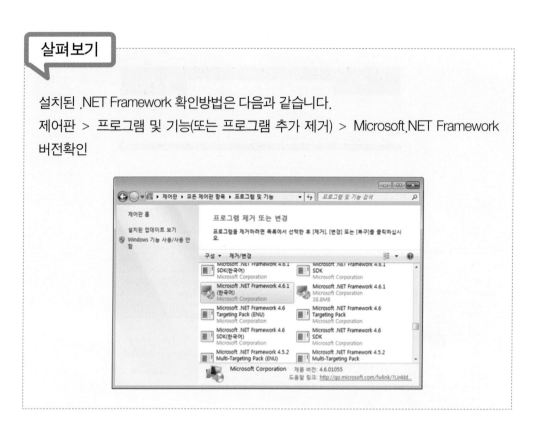

⑥ 스크래치x 프로그램이 다음과 같이 실행되면 프로그램 사용언어를 변경하기 위해
   다음과 같이 설정합니다.

- ⊕를 클릭 한 다음 ▬▬▬▬▬를 선택합니다.

[스크래치x 초코파이 메뉴 상단]

- '한국어'가 나올때까지 아래로 스크롤하여 다음 그림과 같이 선택합니다.

◆ 윈도우7~8버전 사용자를 위한 설치방법

초코파이보드는 운영체제 윈도우10을 기반으로 프로그램이 제작되었습니다. 윈도우 10이상의 버전일 경우 별도의 드라이버 설치가 필요 없습니다. 하위 버전인 경우 윈도우 버전에 맞는 드라이버 설치가 필요합니다. 운영체제 버전을 확인 후 드라이버를 설치하면 됩니다.

① 제어판 - 장치관리자를 실행 후 노란색 물음표로 되어 있는 STM32 Vitual Com Port 장치 확인

② 오른쪽 마우스 클릭 후 드라이버 소프트웨어 업데이트 선택

③ 컴퓨터에서 드라이버 소프트웨어 찾아보기(R)선택

④ 찾아보기를 클릭하여 다운받은 폴더에 해당 윈도우 버전의 드라이버선택 후 다음 버튼(XP인 경우 Win7 드라이버 선택)

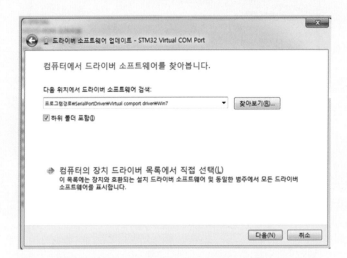

⑤ 설치를 클릭하여 해당 소프트웨어를 설치

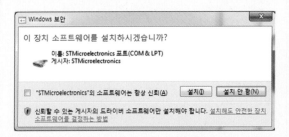

⑥ 드라이버 설치 후 설치 후 닫기

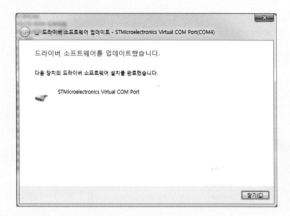

⑦ 포트에서 STMicroelectronics Vitual Com Port가 정상적으로 설치 되었는지 확인

◆ 드라이버 설치 후 프로그램 작동이 안 되는 경우

① 스크래치 화면이 안 나타날 경우 : 웹브라우저 최신 버전으로 업데이트 또는 크롬 브라우저 설치

② 연결 프로그램 실행이 안되는 경우 : www.microsoft.com/net/download 사이트에 서 .NET framework 3.5 SP1을 다운로드 받은 후 설치

1.2.2 초코파이보드 구성

초코파이보드는 기본팩, 확장팩 두 가지 종류로 되어 있으며 메인보드, 각종 블록 및 모듈과 세부장치 총 3가지 종류로 구분할 수 있습니다.

■ 기본팩

메인보드
블록
  –LED 블록(LED 4개)
  –센서 블록
  –터치 블록
USB 연결케이블

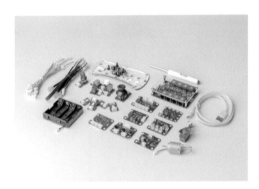

■ 확장팩

메인보드
블록
  –LED 블록(LED 4개)
  –센서 블록
  –터치 블록
  –DC 모터블록(DC모터1개)
  –서보모터블록(서보모터 1개)
  –모션블록(적외선 센서, 자이로센서, 각속도센서)
  –스위치블록(조이스틱, 버튼 4개, 포텐시오미터 1개, 조이스틱제작기판, 나사, 드라이버)
  –기타장치(건전지연결장치, 초코파이보드연결커넥터, 스티커, 잭케이블)
USB 연결케이블

◆분류별 세부내용

① 초코파이 메인보드

컴퓨터와 블록을 연결하는 장치로 8개의 포트, USB 케이블 연결포트 및 건전지 연결 장치로 구성되어 있습니다.

② 블록

블록은 초코파이보드의 포트에 연결하는 장치로 각각의 블록들은 모듈과 장치들을 제어할 수 있는 연결단자를 가지고 있습니다.

③ 모듈 및 장치

모듈과 장치들은 블록에 연결할 수 있으며 연결방법은 블록에서 제공하는 형태에 따라 달라집니다.

[모듈 – LED, 버튼, 포텐시오미터, 조이스틱]

[장치 – 각종 모터, 센서류등의 기기]

◆부품별 설명

① 초코파이 보드

초코파이 보드는 8개의 포트가 있으며 이 포트를 통해 블록들을 연결하게 됩니다. 만들고자 하는 내용에 따라 같은 블록(LED블록을 2개이상 사용)을 여러 개 연결하여 사용도 가능합니다. 단 2개 이상의 같은 블록을 사용할 경우 프로그램을 작성할 때 포트 번호를 지정해 줘야 합니다. 포트 번호는 초코파이 보드의 포트 위에 표시된 번호로 선택해야 합니다.

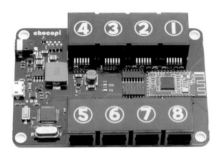

살펴보기

초코파이보드의 세부사양은 다음과 같습니다.

- MCU : Cortex M3 32Bit
- 블루투스 4.0 BLE 통신
- 블록 연결 단자 8개
- 마이크로 5핀 USB 데이터 전송
- 블록 자동 인식 기능
- 외부 전원 입력 : Micro usb 또는 DC외부 전원 6V~18V(권장 전압:12V~18V 2A)
- 고효율 DC 전원 내장
- 크기: 90 x 63mm

② 블록

초코파이보드에 연결하기 위한 블록은 스위치 블록, LED 블록, 터치 블록, 센서 블록, 모션 블록, DC모터 블록, 서보모터 블록 총 7개의 블록으로 구성되어 있습니다. 블록은 초코파이 메인보드와 모듈 및 장치를 연결하는 중간 역할로서 센서가 블록에 내장되어 있는 경우 별도의 모듈 및 장치의 연결이 필요 없습니다. 블록에 모듈 및 장치를 연결할 경우 커넥터를 이용하여 연결하면 됩니다.

살펴보기

◆스위치 블록

버튼 4개, 포텐시오미터, 조이스틱 모듈을 연결하여 사용할 수 있는 블록입니다.

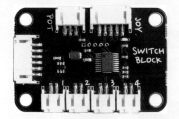
[스위치 블록]

■ 모듈 설명

● 버튼 모듈 : 버튼을 눌렀을 때와 뗄 때 신호를 발생시키는 모듈

− 데이터값: 버튼누름 1, 버튼 뗌 0

● 포텐시오미터 모듈 : 노브형태를 돌려서 데이터를 제공하는 모듈

− 데이터값: 0(시계 반대방향)~4095(시계방향)

[초코파이보드 연결]

- 조이스틱 모듈 : 상/하, 좌/우로 움직이면 값이 변
  화하는 모듈

– 데이터값: 좌우, 상하 각각 0~4095

◆LED 블록

RGB LED모듈을 연결하여 사용하는 블록입니다. 빨강, 녹색, 파랑색 색깔을 조합하
여 다양한 색깔을 표현 할 수 있는 블록입니다.

[LED 블록]

■모듈 설명

● LED 모듈
최대 256개까지 연결이 가능합니다.
데이터입력: 0~256
입력위치: 빨강, 녹색, 파랑

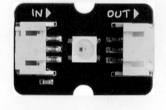

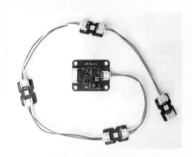

[LED 블록 연결 예시]

◆터치 블록

정전용량을 이용하여 터치 여부를 알려주는 블록입니다. 터치블록은 1~12번까지의
입력번호가 있으며 각각의 입력번호를 터치할 수도 있습니다. 또한 악어클립 등을
활용하여 터치블록과 연결이 가능합니다.

[터치 블록]

[악어클립 연결 예시]

■ 모듈 설명

● 데이터값: 터치시 1, 터치하지 않는 경우 0

◆센서 블록

온도, 습도, 조도센서가 내장되어 있고 외부의 다른 센서와도 연결할 수 있는 블록입니다. 외부의 다른 아두이노 호환 아날로그 센서를 연결할 경우 커넥터에 연결하여 사용할 수 있습니다.

[센서 블록]

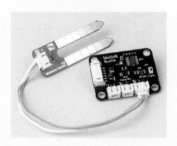

[외부 습도센서 연결 예시]

■ 모듈 설명

● 온도: 측정 범위(−40~125℃), 정밀도(0.01℃), 정확도(±0.3℃ 미만)

● 습도: 측정 범위(0~100%), 정밀도 : 0.04%, 정확도(±3% 미만)

● 조도: 측정 범위(0~4095), 어두울 경우 값이 0에 가까워지고 밝을수록 값이 4095에 가까워 짐

● 아날로그: 측정 범위(0~4095), 2핀 2개, 3핀 1개의 연결 커넥터 제공

◆모션 블록

적외선 감지, 가속도, 각가속도 센서가 내장되어 있으며 포토게이트를 연결할 수 있는 블록입니다. 적외선 감지, 가속도, 각가속도 센서를 사용할 경우 별도의 장치 연결이 필요 없습니다. 포토게이트를 사용할 경우 커넥터에 포토게이트를 연결하여야 사용할 수 있습니다.

[모션 블록]

■ 모듈 설명

- 외선: 3개의 적외선 센서 내장, 측정 범위(0~4095)
- X, Y, Z 가속도: 측정 범위(±32767)
- U, V, W 각가속도: 측정 범위(±32767)

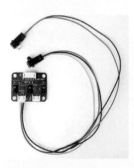

[포트게이트와 연결예시]

◆DC모터 블록

DC모터를 연결하고 속도와 방향을 입력해 제어할 수 있는 블록입니다. 커넥터에 DC모터를 연결하여 사용할 수 있습니다.

[DC모터 블록]

■ 모듈 설명

- 입력 값 범위: 속도(−100~100), 방향(시계, 반시계)
- 2개의 DC모터 연결 커넥터 제공

[DC모터와 연결하여 선풍기를 만든 예]

– 제공되는 DC모터 외에 별도의 DC모터 연결 시 극성에 유의해야 함.

– 모터는 많은 전류를 소모하므로 외부 전원 연결이 반드시 필요 함.

◆서보모터 블록

서보모터를 연결하고 각도를 입력해 제어할 수 있는 블록입니다. 커넥터에 서보모터를 연결하여 사용할 수 있습니다.

[서보모터 블록]

■ 세부 내용

입력 값 범위 : 각도(0~200)

4개의 서보 모터 연결 커넥터 제공

[서보모터 연결 예시]

* 서보 모터의 종류에 따라 각도 변화를 확인하여 사용해야 함.

– 제공되는 서보 모터 외에 별도의 서보 모터 연결 시 극성에 유의해야 함

– 모터는 많은 전류를 소모하므로 외부 전원 연결이 반드시 필요함

CHAPTER 02
루프

2.1 루프

2.1.1 움직이는 루프

● **Programming Story**

🧒 "루프, 디스플레이에 스크래치 파이를 띄워봐. 어제밤 꿈에 나왔던 무엇인가를 찾아봐야겠어."

벽면에는 루프가 띄운 스크래치 파이 화면이 다음과 같이 나타납니다. 스프라이트 저장소에 혹시 있을지 모를 무엇인가를 찾아보기 위해서 저장소에서 스프라이트를 불러오기로 하였습니다.

● Design

깃발을 클릭하면 루프가 왼쪽에서 오른쪽 끝으로 이동하는 프로그램을 만들어 봅시다.

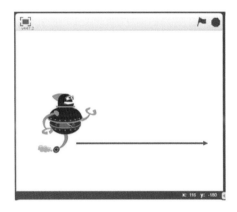

● Flowchart

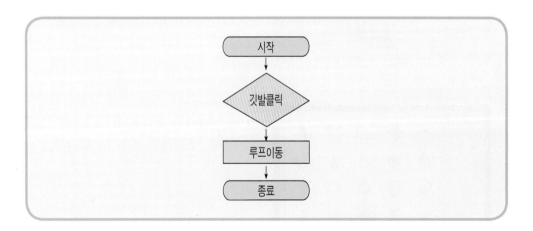

● Programming

● 초코파이(ChocoPi)가 설치되어 있는 위치에서 ChocoPi.exe 파일을 실행합니다.

● 새로운 스프라이트를 불러오기 위해서 새로운 스프라이트: 에서 아이콘을 클릭합니다.

● 다양한 스프라이트 저장소에서 '판타지'의 'Robot1'을 선택합니다. 스프라이트의 이름을 '루프'라고 부르기로 합니다.

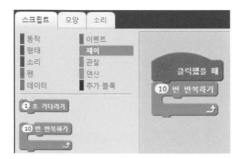

● '스크립트'의 제어블록에서 반복블록을 끌어다 놓습니다.

'스크립트' 동작블록에서  블록을 끌어다 반복블록 사이에 넣습니다.

● 🏳 을 계속 클릭하여 실행해 봅시다.

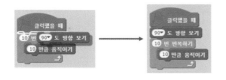

● 실행하게 되면 위와 같이 루프가 왼쪽에서 오른쪽 끝까지 이동하게 되는데 화면 맨 오른쪽에 있는 것처럼 이동하게 되면 🏳 을 계속 클릭하여도 더 이상 이동하지 않게 됩니다.

● 그러면 이제는 '루프'를 다시 마우스로 왼쪽으로 끌어다가 적당한 곳에 놓습니다.

● '90도 방향보기' 블록을 [클릭했을 때] 와 [10 번 반복하기] 사이에 끌어다 놓습니다.

● 방향보기 블록을 0도 방향으로 보기를 선택합니다.

이제 한 번 을 클릭하여 실행해 봅시다.

'루프'가 보이지 않을 때까지 반복하여 실행해보세요.

실행하게 되면 위와 같이 루프가 아래쪽에서 위쪽 끝까지 이동하게 되는데 화면 맨 위쪽까지 이동하게 되면 을 계속 클릭하여도 더 이상 이동하지 않게 됩니다.

"아~~~ 결국 스프라이트는 무대 영역안에서 존재하는거구나!, 고마워 루프!"

살펴보기

스프라이트를 표시할 수 있는 무대의 영역은 바로 아래의 그림과 같이 크기가 정해져 있습니다.

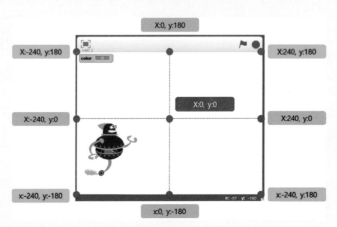

스프라이트는 가로(X축) −240부터 240까지, 세로(Y축) −180부터 180까지 움직일 수 있습니다.

미션 1 루프를 15도씩 돌면서 움직이는데, 벽에 닿으면 튕기게 해 봅시다.

미션 2 루프가 자동으로 움직이는데 벽에 닿으면 튕기면서, 마우스 포인터를 따라오게 만들어 봅시다.

미션 3 을 클릭하면 루프의 위치가 (0,0)의 위치에서 시작하도록 하여 봅시다.

미션 4 을 클릭하면 루프의 위치가 (0,0)의 위치에서 시작하고 '루프'의 회전하지 않고 이동하게 하여 봅시다.

미션 1　루프를 15도씩 돌면서 움직이는데, 벽에 닿으면 튕기게 해 봅시다.

● **Programming Block**

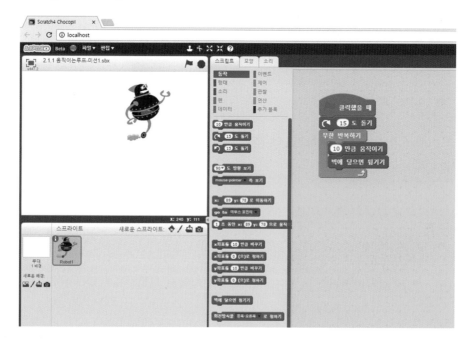

● **Additional Mission!!!** (새로운 생각을 적어보세요)

미션 2 루프가 자동으로 움직이는데 벽에 닿으면 튕기면서, 마우스 포인터를 따라오게 만들어 봅시다.

● **Programming Block**

● **Additional Mission!!!** (새로운 생각을 적어보세요)

미션3 을 클릭하면 루프의 위치가 (0, 0)의 위치에서 시작하도록 하여 봅시다.

● Programming Block

● Additional Mission!!! (새로운 생각을 적어보세요)

미션 4　📪을 클릭하면 루프의 위치가 (0, 0)의 위치에서 시작하고 '루프'의 회전하지
않고 이동하게 하여 봅시다

● Programming Block

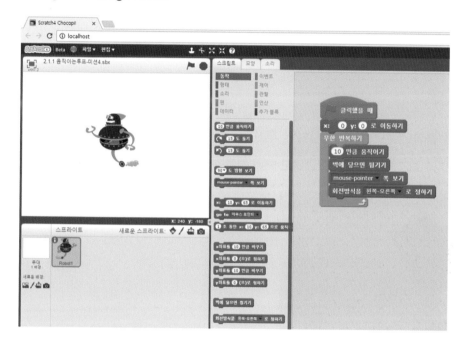

● Additional Mission!!! (새로운 생각을 적어보세요)

● **Programming Story**

　　"좋았어, 루프! 그럼 스크래치안에 있는 Robot1을 초코파이보드와 연결하려면 어떻게 해야하는지 알려줘~"

● **Design**

　◆터치 블록에 손가락을 터치하면 루프가 안녕이라고 말하게 해 봅시다.

　● 초코파이보드를 컴퓨터에 연결하고 터치 블록을 1번 포트에 연결합니다.

● **Flowchart**

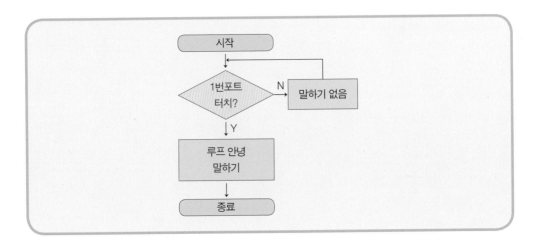

Programming

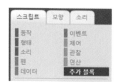

● 스크립트에서 추가블록을 클릭합니다.

● 추가블록에서 터치블록을 끌어다가
편집창에 놓습니다.

살펴보기

터치블록은 다음과 같이 초코파이보드의 포트1번에 연결되어 있어야 합니다.

● 터치 블록의 1번포트가 연결되면 '안녕'이라고 말하도록 하기 위해 다음과 같이 설정
합니다.

● 터치블록의 1번포트가 연결되면(손으로 탭하
면) 1, 연결되지 않을 때는 0의 상태입니다.

● 형태블록에서 Hello! 을(를) 2 초동안 말하기 를 끌어다가
터치블록 아래에 놓습니다.

Hello! 대신 '안녕'이라는 단어로 수정합니다.

초코파이보드에서 터치블록의 1번에 손을 올리면

다음과 같이 Robot1이 '안녕'이라고 말하게 됩니다.

2.1.3 변신하는 루프

● **Programming Story**

🤖 "와우, 이거 재미있는데? 좋아! 이번에는 터치 블록에서 2번을 터치하면 Robot1을 다른 스프라이트로 변신시켜 보자. 나중에 이프를 구할 때 필요할지도 몰라"

● Design

◆프로그램 조건

초코파이보드의 터치 블록에서 1번을 터치하면 안녕이라고 말하고 2번을 터치하면 Robot1이 사라지고 snowman이 보여진다.

● Flowchart

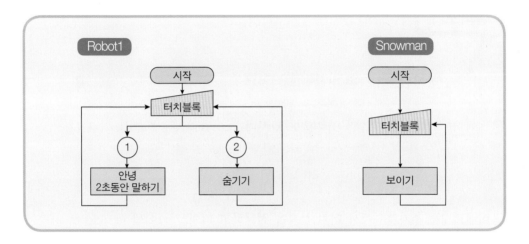

● Programming 변신하는 루프-완성.sbx

 새로운 스프라이트: ◆ / ☐ ◎ 에서 ◆ 아이콘을 클릭하여 목록–판타지에 있는 Snowman 스프라이트를 새롭게 추가합니다.

그런데, 추가하고 보니 화면에서는 기본적으로 보이지 않게 해야하므로 설정을 바꿉니다.

 정보를 나타내는 i 아이콘을 클릭합니다.

왼쪽과 같이 보이기에 체크를 해제하면 화면에서
사라지게 됩니다.

우리는 여기에서 2가지 이벤트를 만나게 됩니다. 첫번째 이벤트는 앞장에서 만들었고,
우리는 두 번째 이벤트를 만들면 되는 것입니다.

살펴보기

> 이벤트 1: 1번 버튼을 터치하면
>   안녕이라고 말한다
> 이벤트 2: 2번 버튼을 터치하면
>   Robot1이 사라지고
>   Snowman이 보여진다

이벤트 2는 추가블록에서 터치 블록을 선택하고 터치2가 1이될 때 'Snowman'을
보여주면 되는 것입니다.

◆그렇다면 한 번 만들어 봅시다.

'Snowman' 스프라이트를 선택하고 스크립
트−추가블록에서 터치 블록을 끌어다 놓
은 뒤 '터치2가 1'이 될 때로 설정합니다.

형태블록에서 보이기 블록을 터치블록
아래에 끌어다 놓습니다.

터치블록의 2번을 터치하면 다음과 같이
나타납니다.

그런데 이것은 루프(Robot1)이 변신하는 것이 아니라 둘이 동시에 나타나는 결과가 되
어 버렸습니다. 그렇다면 여기에 무엇을 추가해야 할까요?

그것은 바로 Robot1 스프라이트에도 터치블록 2번을 터치하게 되면 '숨기기'를 적용해
야 한다는 것입니다.

Robot1 스프라이트를 선택하고 스크립트-추가블록에서 터치블록을 가져다가 '터치2'
를 '만질 때'로 설정합니다.

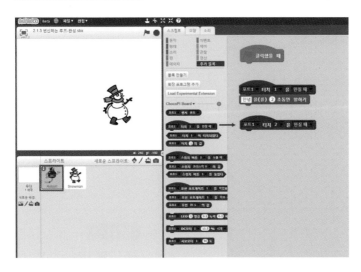

형태블록에서 '숨기기' 블록을 왼쪽과 같이 가져다 놓으면 됩니다. 그리고 이제 한 번
실행해 보면, 터치 블록의 2번을 터치하면 Robot1 스프라이트가 사라졌습니다(그런데,
한가지 오류가 있습니다. 완성된 소스파일을 참고하세요).

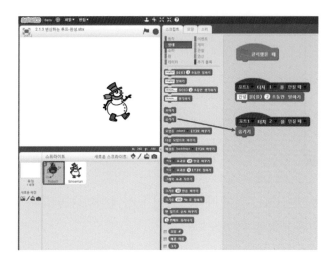

그런데, 여기서 또 한가지 문제점을 발견할 수 있습니다.

'Snowman'으로 변신한 것 같은데, 터치블록의 3번을 터치하면 다시 Robot1으로 돌아오게 하려면 어떻게 해야할까요?

● Flowchart

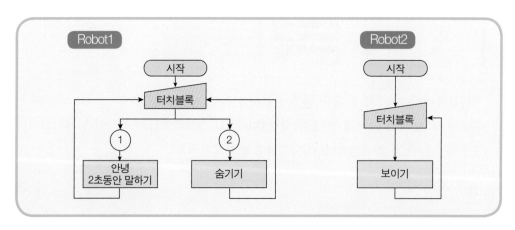

살펴보기

문제를 해결하기 위해서 순서대로 해야할 일에 대해서 적어보면 다음과 같습니다.

① ▭클릭했을 때▭

　　Robot1은 보인다

　　Snowman은 숨긴다

② 터치블록 1번을 터치하면

　　Robot1은 안녕을 2초동안 말한다

③ 터치블록 2번을 터치하면

　　Robot1은 사라지고

　　Snowman은 보인다

④ 터치블록 3번을 터치하면

　　Robot1은 보이고

　　Snowman은 사라진다

우리가 이제껏 만들어 온 것은 ②, ③에 대한 것입니다. 이제 ①, ④에 대해서 프로그래밍해 보도록 합시다.

◆① 이벤트 프로그래밍

각각의 스크립트(Robot1, Snowman)을 클릭했을 때 Robot1은 보이고, Snowman은 숨기기를 해야합니다.

● Robot1 스프라이트에 대해서 다음과 같이 스크립트-이벤트 블록에서 ▭클릭했을 때▭ 를 끌어다 놓습니다.

● 형태블록에서 보이기 블록을 다음과 같이 끌어다가 놓습니다.

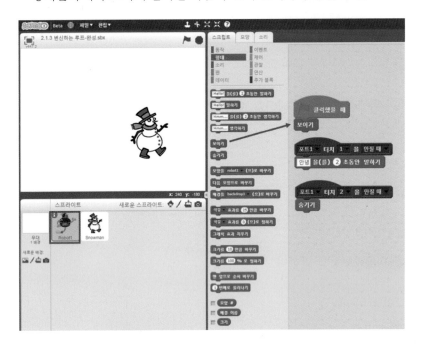

● Snowman은 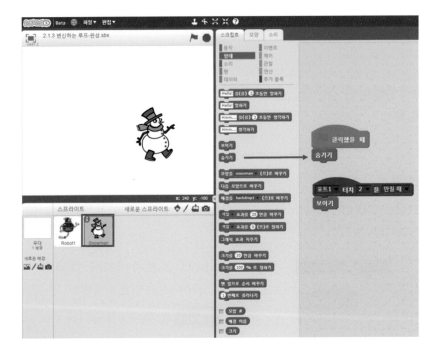 숨겨야하기 때문에 Snowman 스프라이트를 선택한 다음 다음과 같이 프로그래밍합니다.

◆④ 이벤트 프로그래밍

터치블록 3번을 터치하면 'Robot1'은 보이고, 'Snowman'은 사라지는 것을 해 봅시다.

- 'Robot1' 스프라이트를 선택하고 스크립트-추가블록에서 터치블록을 다음과 같이 '터치 3을 만질 때'로 설정하고, 형태블록의 '보이기' 블록을 끌어다 놓습니다.

Snowman 스프라이트도 마찬가지로 터치블록의 3번이 터치되면 사라지게 하려면 'Snowman' 스프라이트를 선택하고 스크립트-추가블록에서 터치블록을 다음과 같이 '터치 3이 1'이될 때 '보이기'로 설정하고, 깃발을 클릭했을 때는 형태블록의 '숨기기'블록을 끌어다 놓습니다.

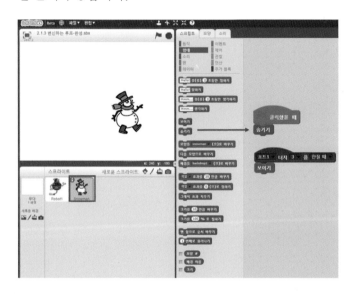

실행해 보면 2,3번을 터치하게 되면 루프가 변신하는 것을 알 수 있지만 1번을 터치하게 되면 Robot1이 보이지 않을 때도 있습니다.

그렇다면 어떻게 해야할까요?

◆② 이벤트 프로그래밍 수정하기

터치블럭의 1번을 터치하게 되면 Robot1은 보여주면서 안녕이라 말하게 하고, Snowman은 숨겨야 합니다.

 ● Robot1 스프라이트를 선택하여 '보이기'블록을 추가하여 다음과 같이 프로그래밍합니다.

 ● Snowman 스프라이트를 선택하여 '터치 1'을 만질 때의 조건을 다음과 같이추가합니다.

이제 🚩 을 클릭하여 터치블록 1, 2, 3번을 각각 터치해 봅시다.

살펴보기

① 클릭했을 때

Robot1은 보인다

Snowman은 숨긴다

② 터치블록 1번을 터치하면

Robot1은 안녕을 2초동안 말한다

③ 터치블록 2번을 터치하면

Robot1은 사라지고

Snowman은 보인다

④ 터치블록 3번을 터치하면

Robot1은 보이고

Snowman은 사라진다

위의 이벤트에 맞게 동작하는지 알아봅시다.

스크립트의 형태블록에는 색깔을 바꾸는 것, 크기를 바꾸는 것, 스프라이트를 표시순서를 바꾸는 것들이 있습니다.

미션 1 터치블록 1번을 터치하면 색깔이 바뀌면서 안녕을 말하게 해 보세요.

미션 2 터치블록 2번을 터치하면 Robot1의 스프라이트가 크기가 점점 커지면서 Snowman으로 이동하고 Robot1이 사라진 다음, Snowman이 나타나게 해 보세요.

미션 3 터치블록 3번을 터치하면 다양한 그래픽 형태들이 원래의 모양대로 돌아오도록 해 보세요.

미션 1   터치블록 1번을 터치하면 색깔이 바뀌면서 안녕을 말하게 해 보세요.

● **Programming Block**

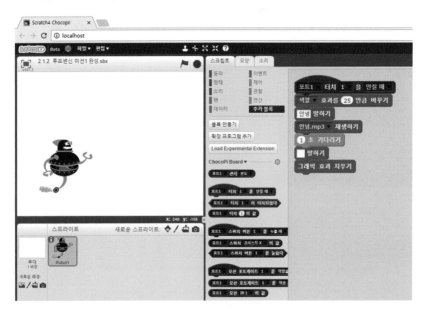

● **Additional Mission!!!** (새로운 생각을 적어보세요)

미션 2　터치블록 2번을 터치하면 Robot1의 스프라이트가 크기가 점점 커지면서 Snowman으로 이동하고 Robot1이 사라진 다음, Snowman이 나타나게 해 보세요.

● Programming Block

◆ 스프라이트: Robotl

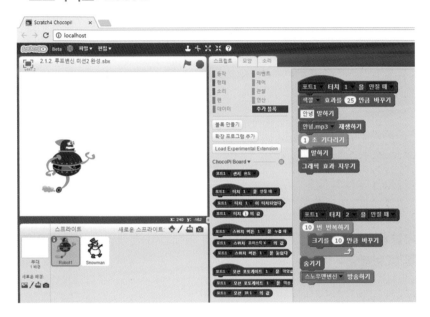

◆ 스프라이트: Snowman

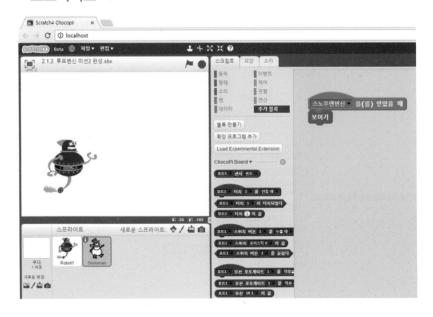

● **Additional Mission!!!** (새로운 생각을 적어보세요)

미션 3   터치블록 3번을 터치하면 다양한 그래픽 형태들이 원래의 모양대로 돌아오
도록 해 보세요

● **Programming Block**

◆스프라이트: Robotl

◆스프라이트: Snowman

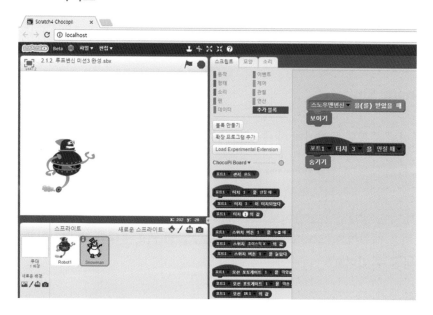

● **Additional Mission!!!** (새로운 생각을 적어보세요)

● **Programming Story**

"좋았어! 이제 루프도 움직이게 할 수 있고, 변신시킬 수도 있게 되었어."

집 앞 의자에 앉아 쉬고계시는 할아버지를 향해 달려갔습니다.

"할아버지, 루프에게서 초코파이보드와 스크래치 속에 있는 스프라이트들을 움직이는 방법을 배웠어요. 그리고 스프라이트 모양도 바꾸고 형태와 색깔도 이제 마음대로 바꿀 수 있어요"

그 때였습니다.

루프가 갑자기 무엇인가를 감지한 듯 소리내기 시작하였습니다.

"루프, 무슨일이야?"

"루프, 잡히고 있는 신호를 크게해서 우리에게 들려주겠니?"

루프는 잡힌 어떤 신호를 증폭하여 다음과 같은 소리를 들려 주었습니다.

빈, 나는 네가 만들고 있는 파이를 다 보았다.
그까짓 루프를 초코파이보드에 넣어서 나를 찾겠다는 생각인것 같은데
그런 꿈은 아예 버리는 것이 좋을 것이다.

빈, 어디있는거야? 난 여기 초코파이보드 속에 숨어있어. 근데 여기로 오려면 무슨 소스학교 어쩌고 하는 얘기를 들었어. 다크버그가 오는 것 같아. 빨리와줘.

"이프! 이프! 휴~ 할아버지 이제 어쩌죠? 이프의 목소리였어요. 다크버그가 아마도 파이보드 속에 있어서 이것을 물리치려면 소스속에 들어가야 할 것 같은데 방법을 모르겠어요"

"빈, 너의 엄마가 네 나이때 갔었던 소스학교를 찾아가야만 할 것 같다. 곁에 루프도 있으니 마음을 어느 정도 놓을 수 있다만은 앞으로 어떤 일이 벌어질지 몰라 걱정스럽구나. 이리로 와보렴."

할아버지는 말을 마치고는 다시 집으로 들어가셔서 엄마의 전자책을 가지고 나오셨습니다.

"여기 전자책에 보면 소스학교로 가는 방법이 적혀 있단다. 루프, 벽면에 소스학교로 가는 길을 보여줘"

루프는 엄마의 전자책에 접속하여 소스학교로 가는 방법이 적힌 안내도를 표시하였습니다. 표시된 안내도를 보니 숲 속으로 들어가는 길목에 길이 구불구불하고 어두워 보였습니다.

"오늘은 짐을 챙기고 내일 아침일찍 떠나거라. 할아버지가 필요한 것들을 루프에게 입력해 놓을테니…."

"네, 할아버지."

루프와 함께 방으로 돌아온 빈은 엄마의 전자책과 파이보드를 챙겨 놓고서 잠자리에 누웠습니다."

2.2.1 신비한 소리

● **Programming Story**

아침이 되고 빈과 루프는 엄마가 다녔었던 숲 속의 소스학교를 찾아 길을 떠나기로 하였습니다.

"빈! 소스학교에서 이프를 구할 소스를 꼭 만들기를 바란다. 무엇보다 포기하지않고 끝까지 해내는 것이 필요하단다. 꼭 기억하렴!"

"네, 할아버지. 명심하겠습니다. 가자~ 루프!"

루프의 형태가 이동하기 좋은 장치로 바뀌었습니다. 루프의 등위에 올라타고서 빈은 소스학교로 떠났습니다.

한참을 가자 파란색의 숲길이 나타났습니다.

숲 속에서 불어오는 바람속에 어떤 소리가 들렸습니다. 마치 피리소리이기도 하고 휘파람 소리같이 들렸습니다. 조금 있다가 숲길의 색깔이 이번에는 빨간색으로 바뀌었습니다.

그러자 이번에는 4박자의 드럼소리가 들리는 것이 아니겠습니까?

"둥둥둥둥 둥둥둥둥…"

소리는 점점 커져가고 길고 긴 숲 속 터널을 지나 파란색 문 앞에 도착하였습니다.

문 앞에 세워져 있는 팻말에는 다음과 같은 문구가 적혀있었습니다.

> 준비가 되어 문을 열려면 버튼을 누르고 소리를 들려주세요.
> 다음 빨강, 파랑, 노랑, 초록에 표시된 내용에 맞게 정확하게 나야합니다.

"소리를 내라구? 무슨 소리? 그래, 버튼을 눌러보자"

버튼을 누르자 다음과 같은 4개의 색깔로 표시된 소리값이 나타났습니다.

> 단, 키보드에서 Q,W,E,R키를 눌렀을 때 다음과 같은 소리가 나야돼
> 빨강 Q키: 낮은 C(도) 48
> 파랑 W키: E(미) 52
> 노랑 E키: G(솔) 55
> 초록 R키: 중간 C(도) 60

"루프, 저 소리를 내려면 어떻게 해야되지? 알려줘!

● Design

◆ 프로그램 구상

그럼 프로그래밍을 하기전에 우선 문제해결을 위해 필요한 것부터 생각해 봅시다.

1. 각각의 키에 맞는 스프라이트(도형)를 만든다(빨강, 파랑, 노랑, 초록)

2. 키를 입력한다
   키보드의 Q: 빨간 도형이 표시된다 - 낮은 C(도)를 소리낸다
   키보드의 W: 파랑 도형이 표시된다 - E(미)를 소리낸다
   키보드의 E: 노랑 도형이 표시된다 - G(솔)를 소리낸다
   키보드의 R: 초록 도형이 표시된다 - 높은 C(도)를 소리낸다

● Flowchart

● Programming

◆ 스프라이트

빨강, 파랑, 노랑, 초록 도형의 스프라이트를 만들기 위해서 파워포인트 등을 활용해서
만든 스프라이트 도형을 각각 가지고 옵니다.

[파워포인트에서 도형을 만들어서 각각의 도형을 png 파일로 저장함]

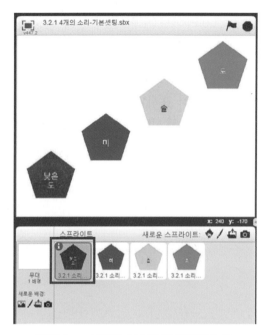

[저장한 png 파일을 스프라이트 가져오기 함]

◆Q key를 눌렀을 때

q 키를 눌렀을 때 빨간도형을 보여주기 위해서 빨간도형 스프라이트를 선택합니다.

'키를 입력했을 때'는 하나의 이벤트가 발생되는 것을 의미하므로 스크립트-이벤트 블록에서 스페이스 키를 눌렀을 때 를 가져다 놓습니다.

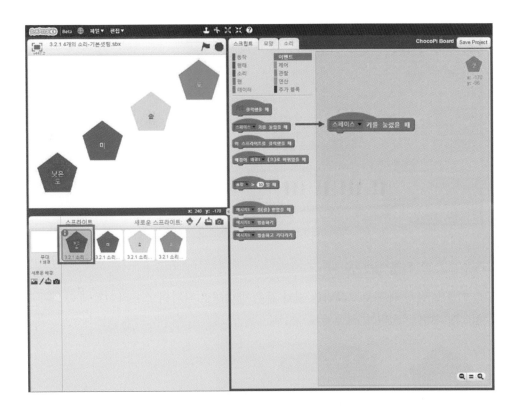

그 다음, ■ 버튼을 클릭하고 키 입력 이벤트를 q 키로 설정합니다.

형태 블록에서 보이기 블록을 가져다 놓습니다.

다음으로 '낮은 C(도)' 소리를 내야하므로 '소리' 블록에서 60▼ 번 음을 0.5 박자로 연주하기 을 찾아서 다음과 같이 '48'번 음으로 설정합니다.

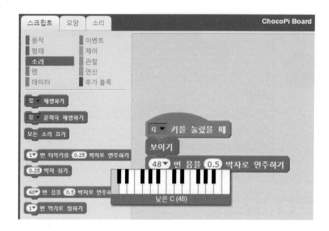

◆ W, E, R 키를 눌렀을 때

Q 키를 눌렀을 때 프로그래밍한 것과 같은 방법대로 각각의 스프라이트에 다음과 같이 설정합니다.

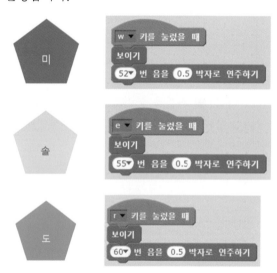

🐴 "좋았어. 이제 버튼을 누르고 소리를 내 볼까?"

빈은 버튼을 누르고 차례대로 'Q, W, E, R' 키를 입력하여 도, 미, 솔, 도 소리를 내었습니다. 잠시후, 뭔가의 코드들이 표시되면서 닫혀있던 문이 스스르 열리는 것이 아니겠습니까?

🐴 "루프, 어서가자~"

미션 1 처음 시작할 때 각각의 도형 스프라이트의 크기를 일정한 크기로 만들어 보세요.

미션 2 낮은 도, 미, 솔, 도에 해당되는 Q, W, E, R 키를 클릭했을 때 크기도 커졌다가 작아지는 효과가 나타나게 만들어 보세요.

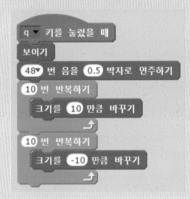

[빨간 스프라이트에 적용된 프로그래밍 예시]

미션 3 파이보드에 터치블록과 다음과 같이 연결하여 간단한 소리키패드를 만들어 보세요.

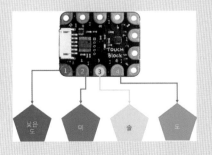

◆ 코드블록을 복사하는 방법

1. 복사하고 싶은 코드블록에서 마우스 오른쪽 버튼을 클릭하여 복사합니다.

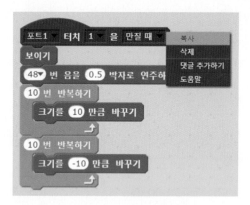

2. 화면에서 복사된 코드블록을 적용하고 싶은 스프라이트 위에 올려놓습니다.

3. 예를 들어 녹색 스프라이트 위에 클릭하면 다음과 같이 코드가 복사됩니다.

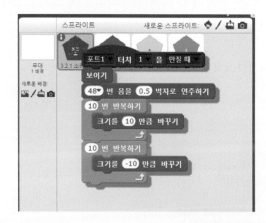

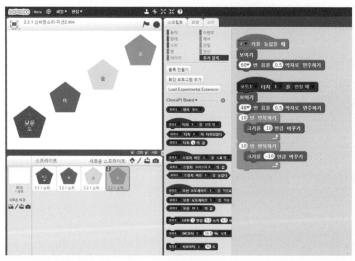

[녹색 스프라이트에 빨간 스프라이트의 스크립트가 복사된 모습]

미션 1 처음 시작할 때 각각의 도형 스프라이트의 크기를 일정한 크기로 만들어 보세요.

● Programming Block

◆스프라이트: 낮은도

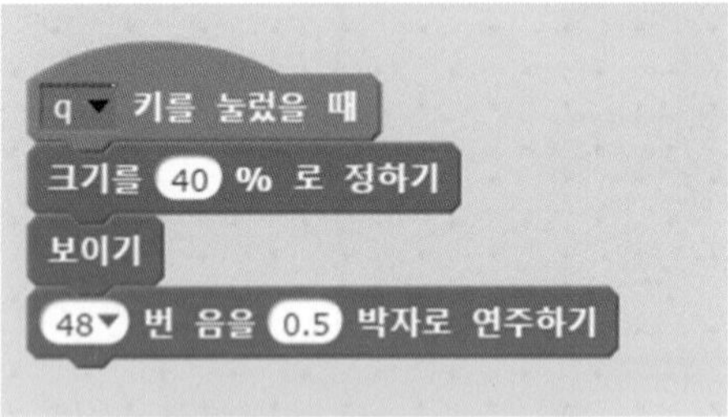

```
q ▼ 키를 눌렀을 때
크기를 40 % 로 정하기
보이기
48▼ 번 음을 0.5 박자로 연주하기
```

◆스프라이트: 미

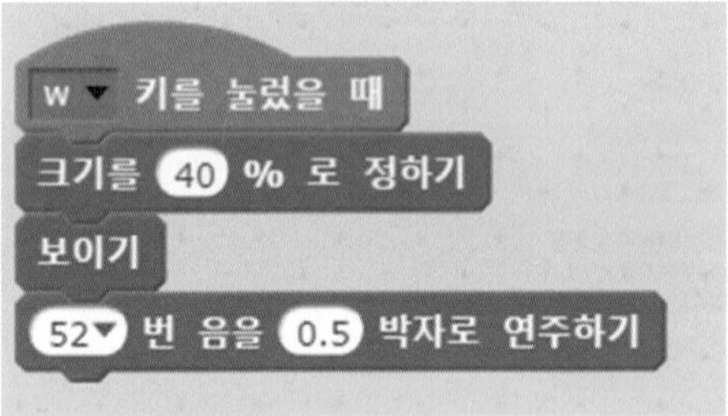

```
w ▼ 키를 눌렀을 때
크기를 40 % 로 정하기
보이기
52▼ 번 음을 0.5 박자로 연주하기
```

◆스프라이트: 솔

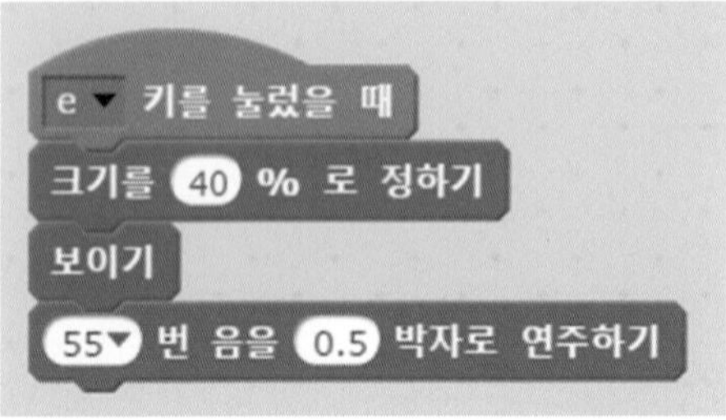

```
e ▼ 키를 눌렀을 때
크기를 40 % 로 정하기
보이기
55▼ 번 음을 0.5 박자로 연주하기
```

◆스프라이트: 도

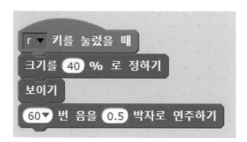

● **Additional Mission!!!** (새로운 생각을 적어보세요)

미션 2　낮은 도, 미, 솔, 도에 해당되는 Q, W, E, R 키를 클릭했을 때 크기도 커졌다가 작아지는 효과가 나타나게 만들어 보세요.

● **Programming Block**

◆ 스프라이트: 낮은 도

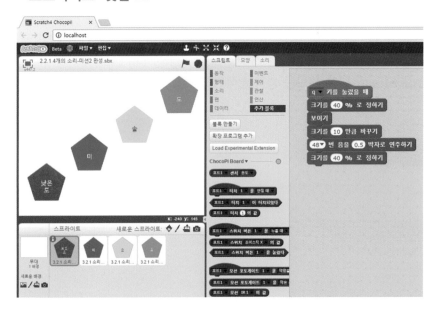

나머지 스프라이트들도 위와 유사하게 적용하면 됩니다.

● **Additional Mission!!!** (새로운 생각을 적어보세요)

미션 3   초코파이보드에 터치블록과 다음과 같이 연결하여 간단한 소리키패드를 만들어 보세요.

● **Programming Block**

◆스프라이트: 낮은도

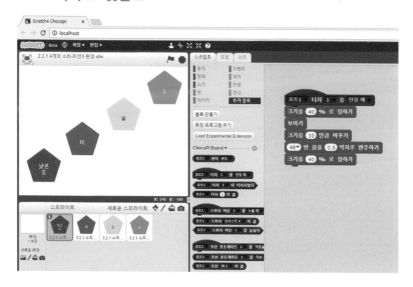

나머지 스프라이트들도 위와 유사하게 적용하면 됩니다.

● **Additional Mission!!!** (새로운 생각을 적어보세요)

2.3 다크버그의 성

Programming Story

다크버그의 성입니다.

거대한 블록들이 하나둘씩 끊임없이 결합되어 움직이고 있었습니다.

깃발이 흔들리면 빨간색, 파란색, 갈색의 블록들이 결합되어 다양한 스프라이트들을 움직이게 하고 있었습니다.

🐱 아, 오늘도 이걸 그려야 하는 것인가?

쉭!! 쉬~익~.

하늘을 나르는 고울들이 거대한 펜을 들고서 하나의 문양을 만들어 내고 있었는데, 그것은 바로 다음과 같은 것이었습니다.

2.3.1 선을 긋는 고울

Design

고울들은 다음과 같이 다양한 패턴의 선들을 긋고 있었습니다.

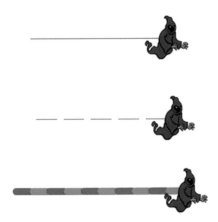

● Flowchart

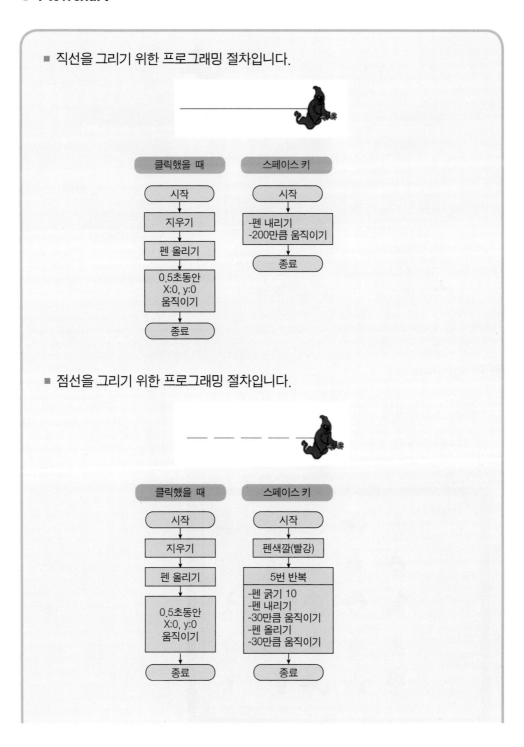

- 직선을 그리기 위한 프로그래밍 절차입니다.

클릭했을 때

시작

지우기

펜 올리기

0.5초동안
X:0, y:0
움직이기

종료

스페이스 키

시작

-펜 내리기
-200만큼 움직이기

종료

- 점선을 그리기 위한 프로그래밍 절차입니다.

클릭했을 때

시작

지우기

펜 올리기

0.5초동안
X:0, y:0
움직이기

종료

스페이스 키

시작

펜색깔(빨강)

5번 반복

-펜 굵기 10
-펜 내리기
-30만큼 움직이기
-펜 올리기
-30만큼 움직이기

종료

■ 크리스마트 패턴을 그릴 수 있는 프로그래밍 절차입니다.

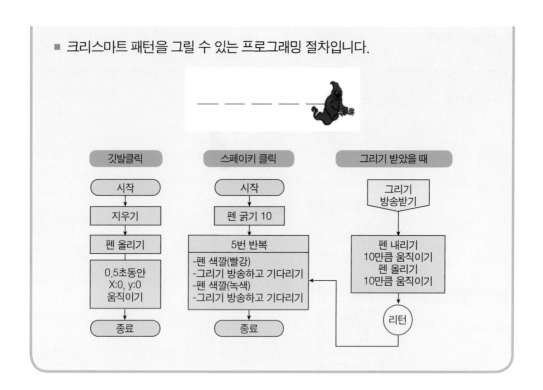

● Programming

◆고울 스프라이트

저장소에서 를 클릭하여 Ghoul 스프라이트를 가져옵니다.

크기 조정

화면 위에 있는  아이콘을 클릭하여 Ghoul 스프라이트에 클릭하여 적당한 크기로 조정합니다.

계속해서 클릭하면 작아집니다.

◆직선 그리기

다음과 같이 그림을 그리기 위해서는 펜블록을 사용해야 합니다.

우선 기본적인 펜과 관련된 내용은 다음과 같습니다

그리기를 위한 기본 설정

펜 내리기

- 그림을 그리기 위해서 펜을 내립니다.

펜 올리기

- 깃발을 클릭하면 펜으로 그렸던 것을 지웁니다.

0.5 초 동안 x: 0 y: 0 으로 움직이기

- 펜을 올리고 화면의 정중앙으로 스프라이트를 이동합니다.

선 그리기   선을 긋는 고울─직선.sb2

다음과 같은 문양을 그려 봅시다.

- 깃발 클릭시 그렸던 내용을 다 지웁니다.

- 스페이스 키를 누르면 펜을 내리고 200만큼 움직입니다.

- 실행하면 다음과 같이 나타납니다.

선 그리기 **선을 긋는 고울—점선.sb2**

다음과 같은 문양을 그려 봅시다(단, 색깔은 다를 수 있습니다).

- 깃발 클릭시 그렸던 내용을 다 지웁니다.

- 스페이스 키를 눌렀을 때

- 펜 색깔을 빨간색으로 정합니다.

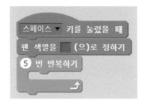

- 제어블록에서 블록을 사용하여

  5번 반복하기로 수정합니다.

- 펜을 내리고 30만큼 움직입니다.

- 펜을 올리고 10만큼 움직입니다.

- 완성된 블록입니다.

- 실행하면 다음과 같이 점선을 그립니다.

◆ **색깔을 다양하게 그리기**

크리스마스를 나타내는 빨강, 녹색을 사용하여 다음과 같이 무늬를 만들어 봅시다.

깃발을 클릭했을 때 펜으로 그렸던 것을 지웁니다.

펜을 올리고 난 다음 원래의 위치로 스프라이트를 이동시킵니다.

스페이스 키를 눌렀을 때 [빨간색 선 긋기]와 [녹색 선 긋기]과정을 5번 반복합니다.

[빨간색 선 긋기]

- 펜 굵기를 10으로 정합니다.
- 펜색깔을 빨강으로 정합니다.
- 펜을 내리고 20만큼 움직입니다.
- 펜을 올리고 5만큼 움직입니다.

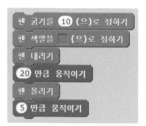

[녹색 선 긋기]

- 펜 굵기를 10으로 정합니다.
- 펜색깔을 녹색으로 정합니다.
- 펜을 내리고 20만큼 움직입니다.
- 펜을 올리고 5만큼 움직입니다.

[5번 반복]

- 빨간색 선 긋기와 녹색선 긋기 과정을 5번 반복합니다.

- 작성한 내용을 살펴봅니다.

- 공통적으로 사용되는 블록을 추출하여 불필요한 것을 제거하여 간략화합니다.

● 그런데, 왼쪽 그림과 같이 계속해서 반복되는 것들이 있습니다.

바로 펜을 내리고 일정한 간격만큼 그린 다음, 펜을 올리고 일정한 간격만큼 움직이는 패턴이 같습니다. 이 부분을 보다 간략하게 할 수 있는 방법이 없을까요?

2.3.2 메리크리스마스 패턴

● **Design**

반복되는 블록 프로그래밍을 보다 간단하게 표현해 봅시다.

● **Additional Mission!!!** (새로운 생각을 적어보세요)

● Programming

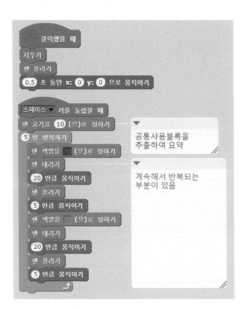

● 이전에 만들었던 블록 프로그래밍을 살펴봅시다.

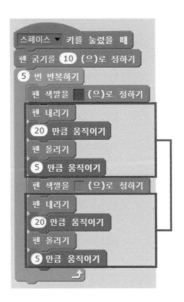

● 자세히 살펴보면 '펜버리기 – 20만큼 움직이기 – 펜올리기 – 5만큼 움직이기' 부분들이 반복되고 있는 것을 알 수 있습니다.

이벤트 방송하기 블록

이벤트 블록의 방송하기 블록을 활용하면 필요할 때마다 방송하기를 통해서 반복되는 절차를 실행할 수 있습니다.

- 방송하기 블록에서 ▼를 클릭하여 '새메시지…'를 선택합니다.

- 새로운 메시지의 이름을 '그리기'로 입력하고 확인버튼을 클릭합니다.

- 이벤트블록에서 메시지를 받았을 때 블록을 선택하여 가져다가 놓습니다.

반복되는 부분을 다음과 같이 프로그래밍 합니다.

- '그리기'를 받았을 때로 변경합니다.

- 펜 색깔을 정하기, 그리기 방송하기 블록을 복사합니다.

펜 색깔을 정하기 블록에서 마우스 오른쪽 버튼을 클릭하여 '복사'를 선택합니다.

- 색깔 선택을 위해 원래 있던 '빨간'색(책에서는 녹색)부분을 마우스로 클릭한 다음, 녹색을 찾아서 선택해 줍니다.

완성된 프로그램입니다.

클릭했을 때
지우기
펜 올리기
0.5 초 동안 x: -180 y: 0 으로 움직이기

스페이스 ▼ 키를 눌렀을 때
펜 굵기를 10 (으)로 정하기
5 번 반복하기
　펜 색깔을 ■ (으)로 정하기
　그리기 ▼ 방송하기
　펜 색깔을 □ (으)로 정하기
　그리기 ▼ 방송하기

그리기 ▼ 을(를) 받았을 때
펜 내리기
30 만큼 움직이기
펜 올리기
10 만큼 움직이기

실행해보면 다음과 같이 나타나는데, 무엇이 잘못된 것일까요?

● Programming

◆ 방송하기와 방송하고 기다리기의 차이점

- '그리기'를 방송하고 바로 다음 절차를 수행합니다.

- '그리기'를 방송하고 해당되는 절차를 다 실행한 후 다음 절차를 수행합니다.

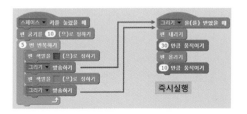

방송하기 블록을 사용하면 다음과 같이 펜 색깔을 빨간색으로 정하고 즉시 실행과 동시에 다시 펜 색깔을 녹색으로 정하고 즉시 실행하는 것입니다.

왼쪽과 같이 [그리기 ▼ 방송하기]를

[그리기 ▼ 방송하고 기다리기]로 수정해야 합니다. 펜 내리기 후 10만큼 움직이기로 수정하였습니다.

그럼 다시 실행해볼까요?

물론 보다 더 간편하게 만들 수 있는 방법은 얼마든지 있을 수 있습니다.

2.3.3 마법문양

● **Programming Story**

🐌 '이제 마법의 모양을 만들어 볼까? 선에 패턴을 넣어서 다양한 무늬를 만들어 보는 거야'

● **Design**

펜 블록을 사용하여 다음과 같이 원하는 도형을 그려봅시다. 물론 다양한 패턴무늬를 넣어봅시다.

그리고 싶은 도형 선분의 수를 물어봅니다.

해당 숫자만큼의 선분으로 이루어진 도형을 그립니다.

● Flowchart

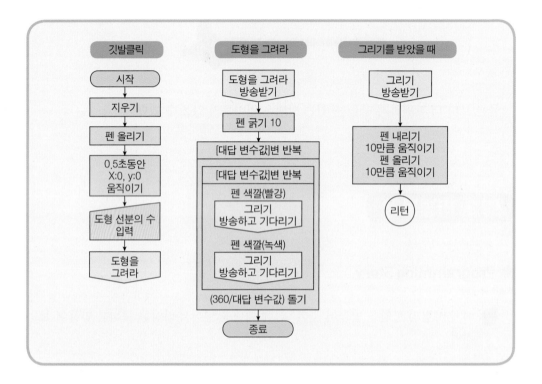

● Programming　🎯 마법문양.sb2

◆깃발을 클릭했을 때

다음과 같은 내용으로 프로그래밍 합니다.

　　　　　　　● 펜으로 그렸던 내용을 지웁니다.

　　　　　　　● 펜을 올립니다.

- 고울 스프라이트를 특정한 위치(−100,100)로 이동시키는 것을 추가합니다.
- 관찰블록에서 What's your name? 묻고 기다리기 블록을 가져다 놓습니다.

다음과 같이 '몇 각형의 도형을 그리고 싶은가?'라고 입력합니다.

- 입력된 내용은 What's your name? 묻고 기다리기 블록 바로 아래에 있는 대답 이라는 변수에 저장됩니다.

도형을 그려라 ▼ 방송하고 기다리기

- 이벤트블록에서 방송하고 기다리기 블록을 가져다가 '도형을 그려라'라는 새로운 메시지를 입력합니다.

- 완성된 블록 프로그래밍입니다.

◆도형을 그려라 방송하기를 받았을 때

대답 변수에 저장된 숫자는 곧 도형의 선분의 수를 의미합니다. 그렇다면 각도는 어떻게 계산할까요?

◆알고리즘

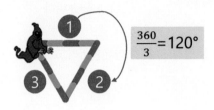

1. 대답에 입력된 숫자가 도형의 선분의 숫자이다(3이라면 삼각형).

2. 대답에 입력된 숫자만큼 반복된다(3번 반복).

● 선분을 패턴만큼 그리고 난 다음

● 스프라이트를 회전한다(120도).

● 펜의 굵기를 10으로 정합니다. 제어블록

에서 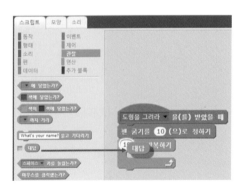 을 가져다 다음과 같

이 놓습니다.

● 관찰블록에서 대답 블록을 끌어다가 반
복하기 블록의 '10' 숫자에 놓습니다.

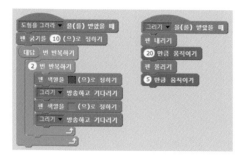

- 이전에서 패턴무늬 그리기 블록들을 응용하여 다음과 같이 프로그래밍 합니다.

- 동작블록의 블록을 가져다 놓습니다.

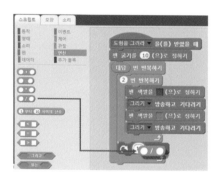

- 연산블록에서 나누기 블록 을 가져와서 15라는 숫자에 끼워 넣습니다.

- 360 나누기 대답'을 표현하기 위해 관찰 블록에서 대답블록과 함께 다음과 같이 설정합니다.

● 완성된 프로그래밍 결과화면입니다.

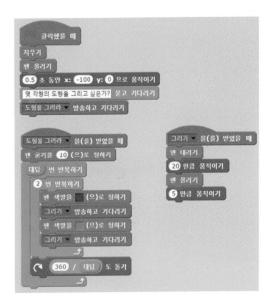

그러면 마법의 문양들을 만들기 위해 실행해 봅시다.

그리고 싶은 도형의 선분의 수를 물어보면 4라고 입력합니다.

고울이 다음과 같이 4각형을 그려줍니다.

● Programming Story

🐱 '점점 재미있어지는군. 그렇다면 다크버그님께 재롱도 부릴겸 강력한 공격 무기를 만들어야겠어.'

고울은 다크버그 성에 비가 온 뒤에 나타난 무지개를 생각하였습니다.

🐱 '그래, 맞아! 무지개 빛 파이어볼!'

● Design

Ghoul은 마우스를 따라다니며 스페이스키를 누르면 다음과 같이 마법스틱에서 파이어볼이 나오도록 만들어 봅시다.

- 고울과 마법스틱1은 마우스를 따라다닌다.
- 스페이스 키를 누르면 마법스틱2 스프라이트에서 다음과 같은 이벤트가 발생된다.
- 마법스틱2는 고울의 x,y좌표로 이동한다.
- 파이어볼을 호출한다

살펴보기

◆ '파이어볼 함수
- 마법스틱2를 보여준다.
- 펜의 굵기는 5
- 펜 색깔이 10만큼 바뀌면서 ⎤ 10번 반복
- x좌표로 20만큼 바뀐다. ⎦

- 펜을 올린다.
- 펜으로 그린 것을 지운다.
- 마법스틱2를 숨긴다.

● Flowchart

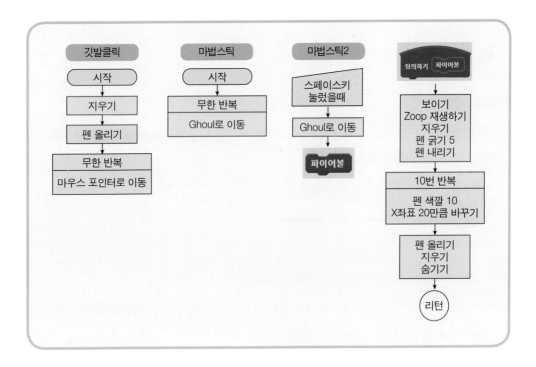

● Programming

◆ 스프라이트

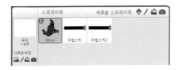

스프라이트 3개를 준비합니다.

- Ghoul
- 마법스틱
- 마법스틱2(마법스틱을 복제하면 됩니다)

◆고울 스프라이트

- Ghoul 스프라이트를 선택합니다.

- 펜블록에서 지우기 블록을 가져다 놓습니다.
- 제어블록에서 무한 반복하기블록을 끌어다 놓습니다.

- 동작블록에서 go to 마우스 포인터 를 가져다 '무한 반복하기'블록 사이에 놓습니다.

◆마법스틱 스프라이트

- 마법스틱 스프라이트를 선택합니다.

- Ghoul 스프라이트에 항상 붙어있어야 하기 때문에 제어블록에서 무한반복하기 블록을 가져다 놓고 그림과 같이 이동하기 블록에 'Ghoul'을 선택해 줍니다.

완성된 블록 프로그래밍입니다.

◆마법스틱2 스프라이트

- 마법스틱 2 스프라이트를 선택합니다.
- 스크립트탭을 클릭하고 다음의 블록들을 프로그래밍 합니다.

- 스페이스 키를 눌렀을 때 Ghoul 스프라이트로 이동합니다.

- '파이어볼' 블록을 호출합니다.

살펴보기

◆파이어볼 추가 블록 만드는 방법

- 스크립트 블록에서 블록만들기 버튼을 클릭합니다.

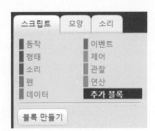

- 새로운 블록에서 '파이어볼'이라 입력합니다.

파이어볼 블록이 호출되면 다음과 같은 절차를 수행하도록 프로그래밍 합니다.

- 마법스틱2 스프라이트를 보여줍니다.

- 펜으로 그렸던 내용을 지웁니다.

- 펜의 굵기를 5로하고 펜을 내립니다.

- 펜 색깔을 10만큼 점점 바꾸고, x좌표를 20만 큼 바꿔서 그립니다. 이 과정을 10번 반복합니다.

- 펜을 올리고 그렸던 것을 지웁니다.

- 마법스틱2 스프라이트를 숨깁니다.

다음은 위의 내용을 블록으로 프로그래밍 한 결과화면입니다.

◆ 파이어볼 사운드효과 추가

- 마법스틱2 스프라이트를 선택합니다.

- 소리탭에서 저장소에서 불러오기 를 클릭합니다.
- zoop 아이콘을 선택하고 확인버튼을 클릭합니다.

- 스크립트 탭에서 '보이기'블록과 '지우기' 블록 사이에 zoop 재생하기 을 넣어줍니다.

깃발버튼을 클릭하여 실행해 보면, Ghoul 스프라이트가 마우스를 따라다니면서 스페이스키를 누르면 파이어볼이 발사되는 것을 볼 수 있습니다.

미션 1 별모양의 파이어볼이 발사되도록 만들어 봅시다.

미션 2 파이보드의 터치블록을 활용하여 1번을 터치하면 파이어볼이 발사되도록
만들어 봅시다.

미션 1   별모양의 파이어볼이 발사되도록 만들어 봅시다.

● Programming Block

◆스프라이트: 마법스틱

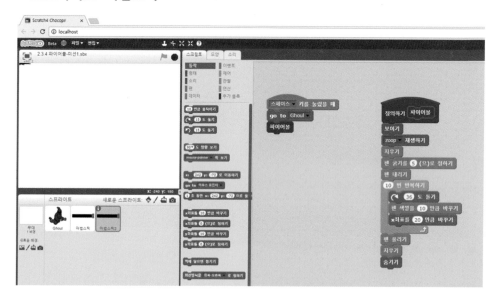

● Additional Mission!!! (새로운 생각을 적어보세요)

미션 2　파이보드의 터치블록을 활용하여 1번을 터치하면 파이어볼이 발사되도록 만들어 봅시다.

● Programming Block

◆ 스프라이트: 마법스틱

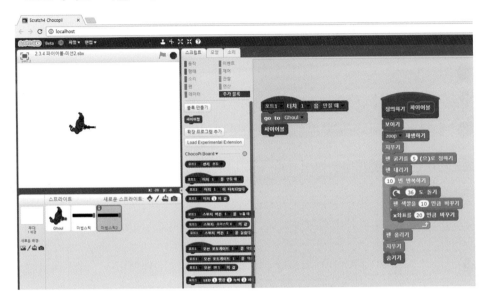

● Additional Mission!!! (새로운 생각을 적어보세요)

2.4 다크버그의 성

2.4.1 고울의 계산기

● **Programming Story**

🐦 "다크버그님, 드디어 파이어볼을 개발하는데 성공했습니다."

🎩 "수고했다. 고울. 내가 얘기한대로 파이어볼이 동작하는 거지?"

🐦 "네, 다크버그님. 이렇게 버튼을 터치하면 파이어볼이.."

고울이 버튼을 잘못 터치를 하면서 다크버그 머리위로 파이어볼이 발사되었습니다.

"쉬시쉬쉬슝~~"

강력한 파이어볼의 위력에 다크버그도 그만 뒤로 넘어지고 말았습니다.

🎩 "고~~~~~울!!!! 너 이녀석, 적어도 다룰수 있는 방법은 알았어야지! 저리 꺼져있어!"

🐦 "아니.. 그게 아니라.. 저도 모르게 그만!"

🎩 "시끄럽다. 고울.. 당장 나가있어. 내가 호출할 때까지는 눈에 보이지 말아라"

다크버그는 숨기기 블록을 가져다가 고울의 모습을 없애버렸습니다.

🐦 "아~~~악….내 모습이…."

🎩 "이제야. 좀 조용하군. 그런데 엘스에게 이프를 잘 감시하라고 했는데 도대체 어디 있는거야?"

한편, 엘스의 방에서는 초록색으로 칠해진 사각의 벽에서 테이블 하나가 놓여있었습니다. 테이블에는 4개의 돌이 있었고 주사위가 굴러가는 소리가 들렸습니다.

테이블 속에 이프를 넣어두고서 엘스는 쉴새없이 주사위를 굴려가면서 이프에게 다음과 같이 물었습니다.

👺 "아무래도 이상하단 말이야. 아무리 생각해도 다크버그가 널 이곳에 데려온 이유를 알수가 없어. 자 여기 주사위를 굴려서 나오는 숫자를 더할 수 있는 만능 계산기를 만들어 봐야겠어. 고울~? 고울 어디있는거야?? 빨리 안나올래?"

● Design

"고울! 숫자를 입력받을 계산기를 하나 만들어줘"

엘스를 위해 만들어 줄 계산기는 다음과 같이 실행됩니다.

- 깃발을 클릭하면 고울이 기본 입력방법을 얘기 합니다.

- 스페이스키를 누르면 첫번째 숫자를 입력 받습 니다.

- 다음으로 두번째 숫자를 입력 받습니다.

● 고울은 '계산하고 싶은 방법을 클릭해 주세요'라
고 말한 다음 4가지 연산방법을 표시해 줍니다.

● 각각의 계산방법을 클릭할 때마다 계산결과를
2초 정도 보여줍니다.

● 나눗셈 연산에서 만약, 입력한 숫자에 0이 있는
경우는 다음과 같이 표시해 줍니다.

● Flowchart

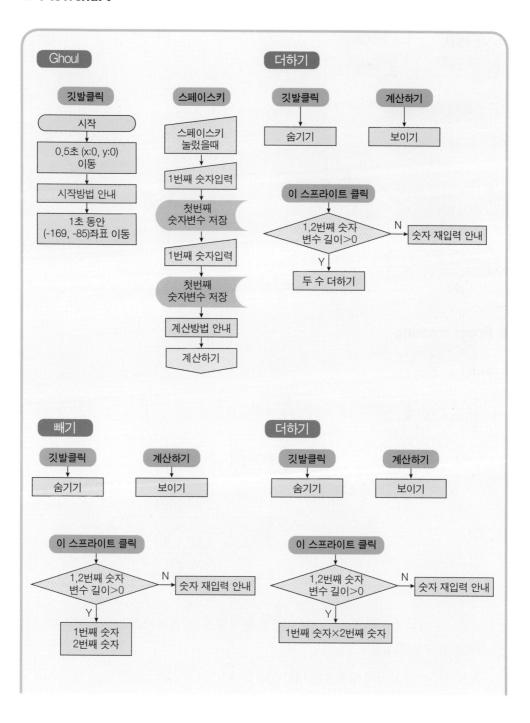

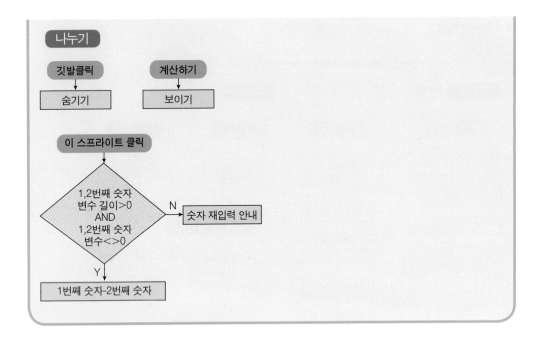

● Programming

◆이벤트 처리

고울 스프라이트

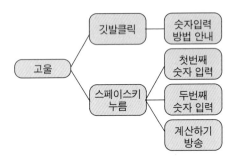

● 고울 스프라이트 이벤트에는 크게 깃발을 클릭했을 때, 스페이스 키를 눌렀을 때
2가지로 구분됩니다.

[깃발 클릭] : 숫자입력 방법을 안내합니다.

[스페이스 키 누름] : 첫번째, 두번째 숫자를 입력받고 각각의 변수에 저장합니다.

[계산하기]를 방송합니다.

- 동작블록의 움직이기, 형태블록의 말하기 블록을 활용하여 고울의 계산기 사용방법에 대해서 안내합니다.

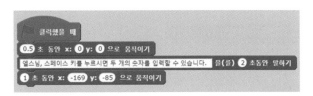

[고울의 계산기 사용방법 안내를 위한 블록 구성]

◆변수 만들기

- 스크립트의 데이터블록에서 변수 만들기 버튼을 클릭하여 '첫번째 숫자변수','두번째 숫자변수'를 만듭니다.

◆스페이스 키를 눌렀을 때

이벤트 블록에서 [스페이스▼ 키를 눌렀을 때]를 가져다 놓습니다.

- 관찰블록에서 [What's your name? 묻고 기다리기]를 가져다 놓고 첫번째 숫자를 입력받기 위한 문구를 작성합니다.

- 다음으로 관찰블록에 있는 입력받은 숫자가 저장된 '대답'블록 [대답]을 데이터블록에 있는 [첫번째 숫자변수▼ 을(를) 0 로 정하기]을 가져다가 첫번째 숫자변수에 다음과 같이 대입시킵니다.

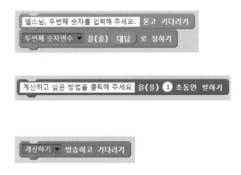

- 두번째 숫자블록도 마찬가지로 작성합니다.

- '계산하고 싶은 방법을 클릭해 주세요'라고 안내 해 줍니다.

- 두 개의 숫자가 입력되고 나면 '이벤트 블록'에서 방송하고 기다리기 블록에서 '계산하기' 메시지를 만듭니다.

다음은 전체적인 완성된 블록의 모습입니다.

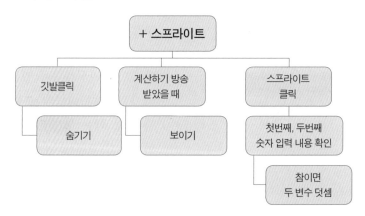

◆ [+, -, X, /] 스프라이트

더하기(+) 스프라이트

- 더하기 스프라이트 이벤트

```
              ┌──────────────┐
              │  + 스프라이트  │
              └──────────────┘
        ┌───────────┼────────────────┐
   ┌─────────┐ ┌──────────────┐ ┌──────────┐
   │ 깃발클릭 │ │ 계산하기 방송  │ │ 스프라이트 │
   └─────────┘ │   받았을 때    │ │   클릭    │
        │      └──────────────┘ └──────────┘
   ┌─────────┐     ┌─────────┐       │
   │  숨기기  │     │ 보이기  │  ┌──────────────┐
   └─────────┘     └─────────┘  │ 첫번째, 두번째  │
                                │ 숫자 입력 내용 확인 │
                                └──────────────┘
                                      │
                                ┌──────────────┐
                                │    참이면     │
                                │  두 변수 덧셈  │
                                └──────────────┘
```

- 깃발 클릭

- 깃발을 클릭했을 때는 프로그램이 처음실행되는 것을 의미합니다.
  따라서 더하기 스프라이트는 숨겨져 있어야 합니다.

- 계산하기를 받았을 때

- 계산하기를 받았을 경우 연산처리를 위해 스프라이트를 보여줘야하기 때문에 형태블록에서 보이기 블록을 가져다 놓습니다.

- + 스프라이트 클릭

더하기 스프라이트를 클릭했을 경우에는 두 개의 변수(첫번째 숫자변수, 두번째 숫자변수)를 더하는 블록 프로그래밍을 만들어야 합니다. 다음의 완성된 블록 프로그래밍을 참고하여 차근차근 만들어 봅시다.

[완성된 블록 프로그래밍]

- 2개의 변수에 무엇인가가 입력되어 있는지 판단하기 위해서 제어블록에서 만약~라면, 아니면 블록을 가져다 놓습니다.

첫번째 숫자변수, 두번째 숫자변수의 길이가 0보다 크다라는 조건을 다음과 같이 연산블록의 블록들과 데이터블록의 변수블록들을 활용하여 프로그래밍합니다.

와  그리고  ,  를 결합하여 구성합니다.

- 만들어진 조건블록을 '만약~라면, 아니면' 조건블록에 다음과 같이 끼워넣습니다.

- 참인경우 두 개의 숫자를 더해서 2초동안 결과를 얘기해 줍니다.

- 거짓인 경우 '숫자가 제대로 입력되지 않았습니다'라고 2초동안 말합니다.

● 완성된 블록 프로그래밍화면입니다.

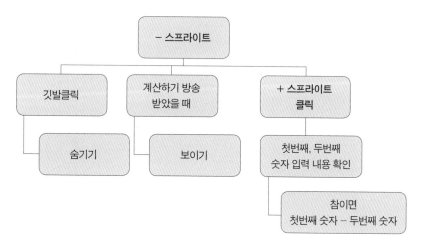

◆ [-, x, /] 스프라이트 연산

더하기 스프라이트를 참고하여 다음과 같이 프로그래밍하면 됩니다.

◆ 빼기(-) 스프라이트

스프라이트 이벤트 처리

● 완성 블록 프로그래밍화면

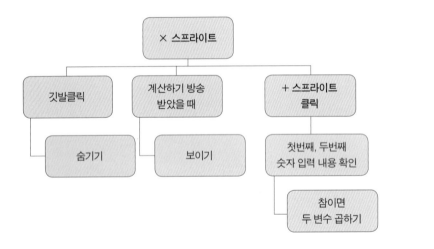

◆ 곱하기(x) 스프라이트

이벤트 처리

```
                      ┌──────────────┐
                      │  × 스프라이트  │
                      └──────────────┘
          ┌─────────────────┼──────────────────┐
   ┌──────────────┐  ┌──────────────┐  ┌──────────────┐
   │   깃발클릭    │  │ 계산하기 방송  │  │ + 스프라이트  │
   │              │  │   받았을 때    │  │    클릭       │
   └──────────────┘  └──────────────┘  └──────────────┘
          │                 │                  │
   ┌──────────────┐  ┌──────────────┐  ┌──────────────┐
   │   숨기기     │  │   보이기      │  │ 첫번째, 두번째 │
   │              │  │              │  │ 숫자 입력 내용 확인 │
   └──────────────┘  └──────────────┘  └──────────────┘
                                              │
                                       ┌──────────────┐
                                       │   참이면      │
                                       │  두 변수 곱하기 │
                                       └──────────────┘
```

◆완성된 블록 프로그래밍

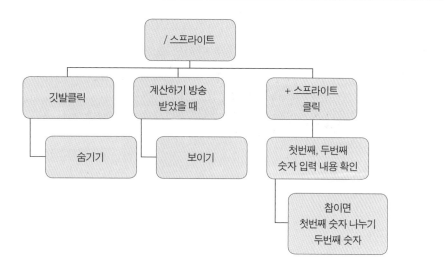

◆나누기(/) 스프라이트

이벤트 처리

나누기 스프라이트의 경우에는 0으로 나누면 오류가 발생하기 때문에 해당 부분에 대해서 다음과 같이 2개의 조건을 동시에 만족해야만 나누기를 할 수 있습니다.

완성된 블록 프로그래밍은 다음과 같습니다.

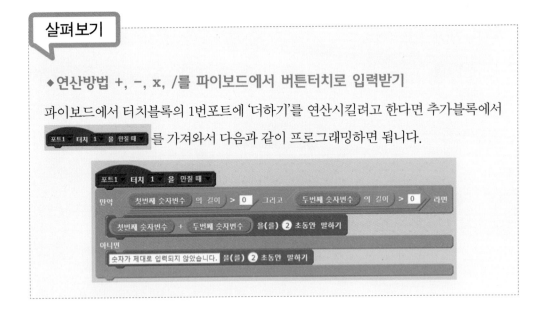

◆ 연산방법 +, −, x, /를 파이보드에서 버튼터치로 입력받기

파이보드에서 터치블록의 1번포트에 '더하기'를 연산시킬려고 한다면 추가블록에서
[포트1 터치 1 을 만질 때] 를 가져와서 다음과 같이 프로그래밍하면 됩니다.

2.4.2 엘스의 퀴즈

● Programming Story

'고울, 좋아 네가 만든 계산기가 필요할 때가 올 것 같군. 그렇다면 이 여자애를 혼
내줄 수 있는 방법은 없을까?'

'문제를 내보서서 맞히게 하는 것은 어떨까요?'

🐱 '그거 기특한 생각이네. 그럼 문제를 내는 프로그램을 한 번 만들어 보라구, 세 번 틀리면 이 여자를 개구리로 만들어 버리는 것은 어때?'

🐷 '오, 정말 멋진 생각이세요. 엘스님. 그럼 이 여자애를 배경으로 넣고 바로 프로그래밍하러 가겠습니다'

● Design

◆깃발 클릭

성안의 배경으로 바꾼다.

고울은 엘스에게 문제를 내어달라고 얘기한다.

◆스페이스 키를 누르면

고울은 엘스에게서 문제 3개를 입력받는다.

◆S 키를 누르면

이프를 데려와서 엘스가 만들어낸 문제를 고울이 낸다.

기회는 2번으로 2번 틀리면 이프를 작은 성안에 가둔다.

문제를 맞히면 고울은 사라진다.

● Flowchart

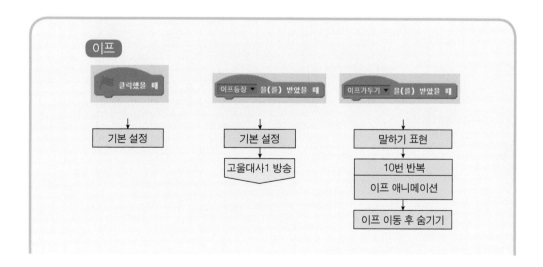

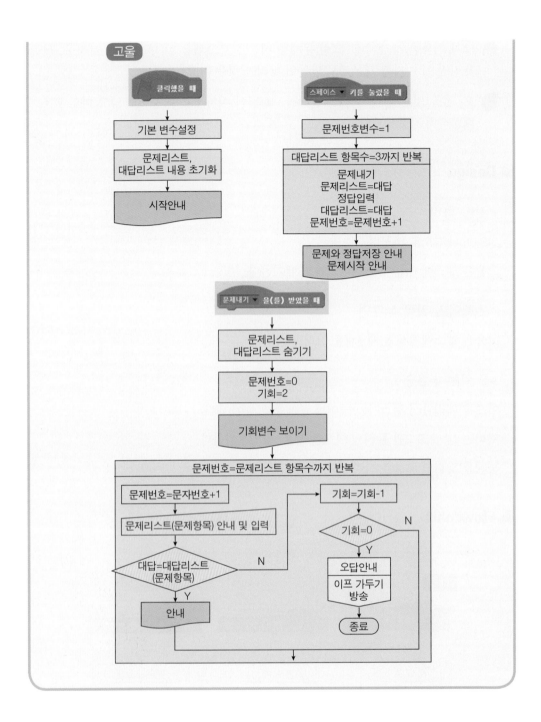

● Programming 엘스의 퀴즈-완성.sbx

◆배경

castle4

무대를 선택한 다음 배경탭에서 을 클릭하여 저장소에서 castle4 배경을 불러옵니다.

[고울이 엘스에게 문제를 입력받고 이프를 데려와서 문제를 내기위한 배경]

무대를 선택한 다음 배경탭에서 ▨을 클릭하여 저장소에서 castle1 배경을 추가합니다.

castle1

[이프가 제시된 기회를 다 써버렸을 경우 성안에 가두기 위한 배경]

◆고울

변수 만들기

• 문제를 내기 위한 '문제번호 변수'와 이프가 문제를 틀렸을 때 줄 수 있는 '기회변수' 두 가지를 만듭니다.

• 데이터블록에서 변수만들기 버튼을 클릭하여 만듭니다.

문제저장을 위한 리스트 만들기

엘스가 문제를 내면 내는 문제를 저장할 수 있는 저장리스트를 만듭니다.

• 다음과 같이 데이터블록에서 리스트만들기 버튼을 클릭하여 문제를 저장하는 '문제 리스트'와 정답을 저장하는 '저장리스트'로 만듭니다.

깃발을 클릭했을 때

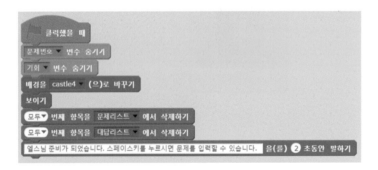

• 문제번호 변수와 기회 변수를 화면에서 숨깁니다.

• 배경을 castle4로 바꾸어 문제를 내기위한 화면으로 변경합니다.

• 고울의 모습을 보여줍니다.

• 문제리스트와 대답리스트에 저장된 문제와 정답을 삭제합니다.

• 엘스에게 스페이스키를 누르면 문제를 입력할 수 있다는 것을 알려줍니다.

[깃발을 클릭했을 때 고울의 안내화면]

스페이스 키를 눌렀을 때

위의 내용을 순서대로 설명하면 다음과 같습니다.

● 문제번호를 1로 정합니다.

● 대답리스트의 항목의 수가 3이될때까지 반복합니다.

－ 는 대답리스트에 저장되어 있는 항목의 개수를 가져옵니다.

－ 문제내기와 정답 저장하기 프로그래밍 절차를 순서대로 추가한 내용입니다.

문제번호에 따라 문제를 묻고, 문제리스트에 저장합니다.

문제번호에 따라 정답을 묻고, 대답리스트
에 저장합니다.

문제번호를 1 증가합니다.

● 문제를 다 저장하였으면 다음과 같은 안내를 추가합니다.

다음은 엘스가 문제를 내고 고울이 저장하는 장면입니다.

s 키를 눌렀을 때

이프를 데려오는 것을 나타내기 위해 이프등장 방송하기를 만듭니다.

이벤트블록에서 방송하기 블록을 활용하여 만듭니다.

- 이프 스프라이트(참고)

> 이프등장 ▼ 을(를) 받았을 때
> 보이기
> 0.5 초 동안 x: 142 y: -58 으로 움직이기
> 이거 왜 이래! 빈이 가만있을 것 같아?!! 을(를) 2 초동안 말하기
> 고울대사1 ▼ 방송하기

이프 스프라이트에서 이프등장을 받았을 때 이프를 등장시키고 다시 '고울대사1'을 방송합니다.

[이프 등장시 나타나는 화면]

- 고울대사1 방송

> 고울대사1 ▼ 을(를) 받았을 때
> 엘스님이 내는 문제 2개 이상 틀리면 너는 영영 이 방을 벗어날 수 없을 것이다.!! 을(를) 2 초동안 말하기
> 자, 그럼 바로 시작한다. 을(를) 2 초동안 말하기
> 문제내기 ▼ 방송하기

고울은 엘스에게 받은 퀴즈 규칙에 대해서 안내해 주고 '문제내기' 방송을 시작합니다.

문제내기 방송을 받았을 때

문제내기는 크게 문제내기 위한 초기화, 문제내기, 문제종료 3단계로 구성되어 있습니다.

- 문제 초기화
- 문제리스트, 대답리스트를 배경에서 숨깁니다.
- 문제번호 변수값을 0, 기회 변수값을 2로 정하고, 기회 변수값을 보여줍니다.

- 문제내기(문제 가져오기, 문제에 해당되는 정답 비교, 기회갯수와 비교)

문제내기는 문제리스트의 항목수만큼 반복하게 하기 위해서 증가하는 문제번호의 갯수와 문제리스트 항목수와 비교하게 됩니다.

[문제를 내는 장면]

문제번호를 1 증가한 다음 문제리스트에서 문제번호에 해당하는 항목을 물어봅니다.

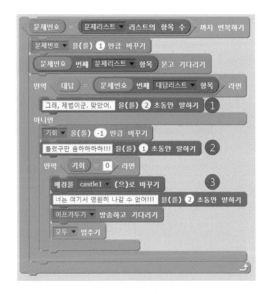

❶ 만약 입력한 대답이 대답리스트의 문제번호 항
목의 내용과 일치하면 '그래, 제법이군 맞았어'
라고 말합니다.

❷ 틀렸으면 기회변수값을 1을 감소시키고, '틀렸 구만. 음하하하!!!'를 1초동안 말합니다.

❸ 하나가 줄어든 기회 변수값이 0이라면 배경을 castle1로 바꾸고 '너는 여기서 영원히 나갈수 없어!!!'라고 2초동안 말한다음 '이프가두기'를 방송하고 기다립니다. 이프 스 프라이트 에니메이션이 끝나면 멈춥니다.

문제 종료

주어진 기회내에서 문제를 맞추게 되면 고울은 모양을 ghoul-b로 바꾸고 사라지게됩니다.

```
아쉽지만 에잇, 다음 기회를 노려야겠군 을(를) 2 초동안 말하기
배경을 castle4 ▼ (으)로 바꾸기
모양을 ghoul-b ▼ (으)로 바꾸기
1 초 동안 x: -180 y: 0 으로 움직이기
숨기기
모두 ▼ 멈추기
```

[주어진 기회내에서 문제를 맞힌 장면]

◆이프

스프라이트에서 새로운 스프라이트: ♦ / 📁 📷 중에서 ♦ 을 클릭하여 alex를 불러옵니다.

불러온 알렉스의 i를 클릭하여

이름을 if로 변경합니다.

깃발을 클릭

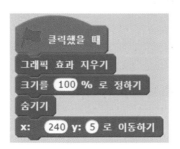

이프에게 적용되었던 그래픽 효과를 지우고 크기도 100%로 변경한 다음 화면에서 숨깁니다.

이프 등장을 받았을 때

이프가 나타나는 장면을 연출해야 하므로 숨겨진 스프라이트를 보여주고 이프를 이동시킨 뒤 고울이 대사를 할 수 있도록 '고울대사1'을 방송합니다.

```
이프등장 ▼ 을(를) 받았을 때
보이기
0.5 초 동안 x: 142 y: -58 으로 움직이기
이거 왜 이래! 빈이 가만있을 것 같아?!! 을(를) 2 초동안 말하기
고울대사1 ▼ 방송하기
```

이프 가두기를 받았을 때 이프의 대사를 말하고 그래픽효과를 주면서 이프를 사라지게 합니다.

[이프 가두기를 실행한 화면]

· · · · · · · ·
· · · · · · ·

미션 1   퀴즈가 맞을 경우 초코파이보드의 LED에 빛이 들어오게 해 봅시다.

미션 1   퀴즈가 맞을 경우 초코파이보드의 LED에 빛이 들어오게 해 봅시다.

● **Programming Block**

◆ 스프라이트: 고울

화면에서와 같이 LED 블록을 추가하면 됩니다.

● **Additional Mission!!!** (새로운 생각을 적어보세요)

2.4.3 다크버그의 놀이

● **Programming Story**

🎩 "고울, 고울…. !!!"

⚫ "네, 다크버그님. 부르셨습니까?"

🎩 "오늘은 성 밖에 나가서 도넛 던지기 놀이나 해야겠다."

⚫ "역시 다크버그님께서는 지혜가 넘치시는 군요. 도넛은 제가 가장 싫어하는 것인데 그걸 던져버리신다구요? 정말 멋지십니다."

고울은 다크버그 옆을 이리저리 날아다니면서 비위를 맞추느라 애를 쓰고 있었습니다.

🎩 "그래, 니가 가장 싫어하는 것이 도넛이라는 것을 알고 있지. 설탕이 가득 담긴 달콤한 빵 속에 파고든다면 더할 나위없이 좋을텐데 말이야.."

다크버그는 의자에 앉아서 손가락을 꼼지락거리고 있었습니다. 위에서는 쉴새없이 이벤트블록들이 나타났다, 사라졌다를 반복하고 있었습니다.

⚫ "다크버그님, 제게 좋은 아이디어가 떠 올랐습니다"

다크버그는 꼼지락 거리던 손을 멈추고서 고울을 쳐다보았습니다.

🎩 "고울. 말해보거라"

⚫ "저번에 잡아온 여자애를 상대로 도넛 던지기를 하면 어떨까요?"

🎩 "뭐라고? 이런 바보 멍청이를 보았나! 인간은 도넛을 좋아하니 아마 더 좋아할 것이다!"

다크버그가 역정을 내니 고울은 혹시 파이어볼이 발사될까봐 이리저리로 피해서 도망다녔습니다.

🎩 "일단 나와함께 성 밖을 나가자"

⚫ "네? 아…. 알겠습니다"

차가운 바람이 부는 성 밖에서 다크버그는 고울을 땅으로 내려가게 하였습니다.

"고울, 일단 땅 위에 서 있어봐라"

"네. 알겠습니다. 그런데 도넛들은 하늘 위에 있는 것이 보이는데, 여자애는 언제 데려오나요?"

"이녀석, 오늘은 네가 너에게 도넛 던지기 놀이를 할려고 한다."

"네?? 아..아니되옵니다. 제가 도넛을 가장 싫어하는 것 아시지 않습니까?"

말을 마치자마자 다크버그는 도넛을 고울에게 던지기 시작하였습니다.

● Design

깃발을 클릭하면 고울이 게임을 안내해 준다.

스페이스키를 누르면 게임시작을 방송한다.

도넛들이 위에서 자유롭게 떨어진다.

고울의 생명은 5번이 주어지고, 떨어지는 도넛에 부딪히면 생명은 하나씩 감소한다.

생명이 0이 되면 배경이 바뀌면서 쓸쓸히 사라진다.

● Flowchart

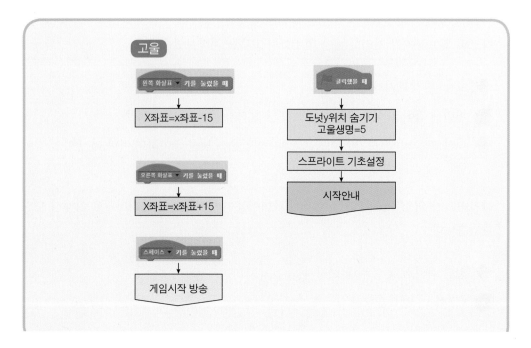

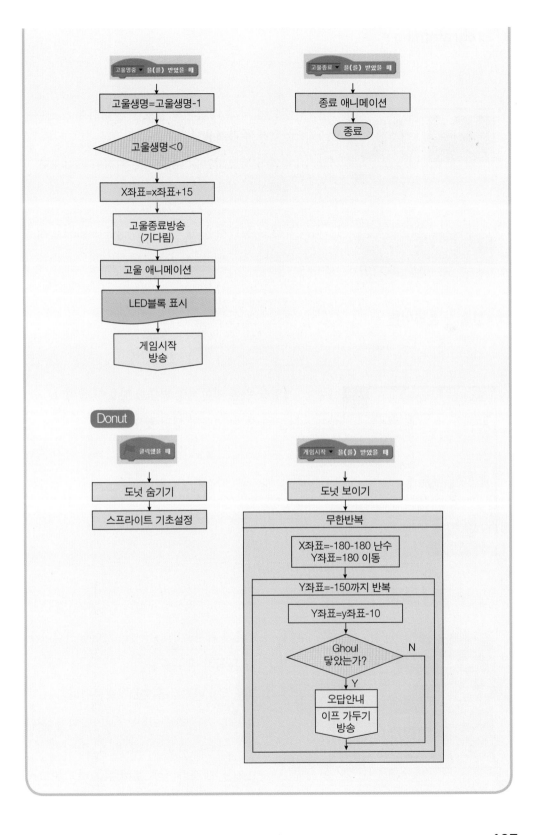

고울명중 ▼ 을(를) 받았을 때

고울생명=고울생명-1

고울생명<0

X좌표=x좌표+15

고울종료방송
(기다림)

고울 애니메이션

LED블록 표시

게임시작
방송

고울종료 ▼ 을(를) 받았을 때

종료 애니메이션

종료

Donut

클릭했을 때

도넛 숨기기

스프라이트 기초설정

게임시작 ▼ 을(를) 받았을 때

도넛 보이기

무한반복

X좌표=-180-180 난수
Y좌표=180 이동

Y좌표=-150까지 반복

Y좌표=y좌표-10

Ghoul
닿았는가?   N

Y

오답안내

이프 가두기
방송

● Programming

◆ 무대 배경

게임의 무대 배경에서 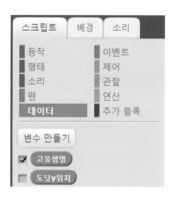을 클릭하여 castle3를 선택해서 가져옵니다.

게임이 종료되었을 때 보여줄 배경인 castle2도 선택해서 가져옵니다.

깃발을 클릭했을 때 무대의 배경을 castle3로 설정합니다.

◆ 고울 스프라이트

기본 변수 만들기

게임을 위한 기본적인 변수를 만들어 줍니다.

- 고울생명: 고울의 생명 횟수
- 도넛y위치 : 도넛이 떨어질 때 컨트롤 하기 위한 변수

깃발을 클릭했을 때

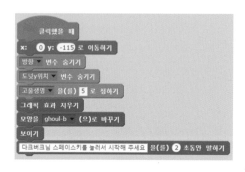

고울의 위치를 x:0, y: −115로 이동시킵니다.

도넛y위치 변수를 숨기고

고울생명 변수값을 5로 정해줍니다.

고울에 적용되어 있는 그래픽효과를 지운 다음, ghoul−b 모양으로 바꿉니다.

고울을 배경화면에 보여주고 다크버그에게 게임방법을 알려줍니다.

◆실행화면

고울의 이동제어

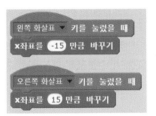

이벤트블록에서 '키를 눌렀을 때' 블록을 가져다 놓고 동작블록에서 x좌표 바꾸기 블록으로 다음과 같이 설정합니다.

스페이스 키를 눌렀을 때 게임시작

이벤트블록에서 스페이스 키를 눌렀을 때 블록을 가져다가 '방송하기'블록을 선택하여 게임시작 방송하기를 만듭니다.

– 도넛 스프라이트에서는 게임시작게임시작 방송하기가 실행되면 도넛이 하늘에서 떨어지는 것을 실행해야 합니다. 도넛이 떨어지면서 고울과 닿았을 때는 다시금 '고울명중'을 방송합니다.

고울명중을 받았을 때

완성된 블록 프로그래밍입니다.

- 이벤트블록에서 '고울명중'을 받았을 때 블록을 하나 만듭니다.
- 고울의 생명을 하나 감소하기 위해서 데이터 블록에서  로 설정합니다.

- 고울의 생명 횟수 체크
- 제어블록에서 '만약~라면' 블록을 가져와서 고울의 생명이 1보다 작은 경우는 게임이 종료되는 경우이므로 위와 같이 '고울종료' 방송하고 기다리기 블록을 만들어 끼워 넣습니다.

- 도넛에 맞은 고울 표현하기

형태블록의 색깔효과, 반투명효과를 각각 위의 설정대로 변경해서 고울에 반투명 효과를 적용해 줍니다.

다음 도넛에 맞은 고울의 아픔을 표현하기 위해 '악'이라고 말하고 소리탭에서  를
선택하여 효과에 있는 chomp 소리와 동물에 있는 chee chee 소리를 아래와 같이 가져
옵니다.

[고울 스프라이트에 chomp, chee chee 소리를 가져온 화면]

소리블록에서  붙여넣습니다.

고울명중과 관련된 시각적 효과를 주기 위해서 초코파이보드에 있는 LED 블록을 4번
포트에 연결하고 LED 하나를 연결합니다.

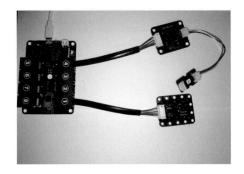

[초코파이보드 4번포트에 LED를 결합한 모습]

┌─ 주의 ─────────────────────────────

LED를 결합하여 실행할 때에는 빨간 동그라미로 표시된 부분이 빛이 나오는 부분
이기 때문에 시력이 상하지 않도록 이 부분을 바로 쳐다보면 안됩니다.

추가블록에서 초코파이와 연결된 을 가져다가 다음과 같이 프로그래밍 합니다. 빨강색을 0.2초 깜빡이게 됩니다.

```
포트4 ▼  LED 위치 ①  빨강 ①  녹색 ⓪  파랑 ⓪
 0.2 초 기다리기
포트4 ▼  LED 위치 ①  빨강 ⓪  녹색 ⓪  파랑 ⓪
```

[참고: LED 블록의 사용법]

❶ 초코파이보드와 연결된 포트번호를 나타냅니다.

❷ LED블록에 연결되어 있는 LED의 순서번호입니다.

❸, ❹, ❺ 빨강, 녹색, 파랑 각각의 0~255까지 입력할 수 있는 색깔 번호입니다. 3가지 색깔이 조합되어 LED 블록에 연결된 LED 색이 표시됩니다(구글에서 rgb 256 color 색상표 검색).

`게임시작 ▼ 방송하기`
• 다시 도넛을 떨어지게 하기 위해서 게임시작을 방송하기 블록을 만들어 추가합니다.

고울종료를 받았을 때

고울의 생명의 횟수가 0으로될 때 게임을 종료하는 블록 프로그래밍으로 완성된 화면은 다음과 같습니다.

```
고울종료 ▼ 을(를) 받았을 때
배경을 castle2 ▼ (으)로 바꾸기
chee chee ▼ 재생하기
다크버그님 제발… 말하기
모양을 ghoul-a ▼ (으)로 바꾸기
② 초 동안 x: ⓪ y: ⓪ 으로 움직이기
숨기기
모두 ▼ 멈추기
```

• 배경을 castle2로 바꿔줍니다.
• 소리블록에서 chee chee 재생하기를 추가합니다.
• '다크버그님 제발…'을 말하게 하고 고울의 모습을 ghoul-a로 변경합니다.
• 고울을 사라지게 하기 위해서 2초동안 고울을 x:0, y:0의 위치(화면 가운데)로 이동시킵니다.
• 그리고는 고울스프라이트를 숨깁니다.

- 제어 블록에 있는 ▣▣▣▣▣ 블록을 가져다 놓고 프로그램을 종료합니다.

◆ 도넛 스프라이트

깃발을 클릭했을 때

- 도넛의 스프라이트를 숨깁니다.
- 도넛을 위에서부터 떨어지게 하기 위해서 다음과 같이 블록을 프로그래밍합니다.

연산 블록에서 (1 부터 10 사이의 난수) 블록을 가져옵니다.

동작블록의 x,y 좌표로 이동하기 블록을 가져와서 다음과 같이 x의 난수범위를 −180에서부터 180까지 발생시킬 수 있도록 프로그래밍합니다.

이렇게 깃발을 클릭 할 때마다 도넛은 화면의 맨 위쪽에서 다양하게 위치하게 됩니다.

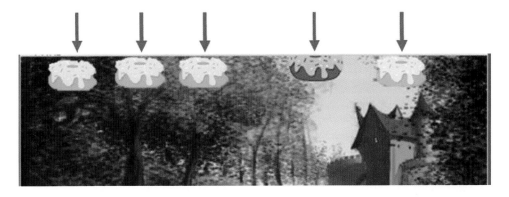

게임시작을 받았을 때

● 게임시작 방송을 받으면 도넛 스프라이트를 보여줍니다.

● 도넛의 가로위치(x좌표)를 을 사용하여 다양하게 이동시킵니다.

● 제어블록의 '~까지 반복하기'블록, 동작블록에 있는 y좌표 블록, 연산블록의 비교블록을 사용하여 y좌표가 −150까지 떨어질때까지 반복하는 블록 프로그래밍을 작성합니다.

● 도넛 스프라이트의 y좌표를 10만큼 감소시키는 블록을 끼워넣습니다.

● 도넛이 떨어지면서 고울 스프라이트에 닿았는지를 확인하기 위해 관찰블록의 에 닿았는가?, 조건블록을 결합하여 다음과 같이 프로그래밍합니다.

● 만약 닿았다면 도넛을 숨기고, 고울 스프라이트에서 고울이 맞은 장면을 표시해야 하기 때문에 '고울명중' 방송하고 기다리기 블록을 만들어 다음과 같이 끼워 넣습니다.

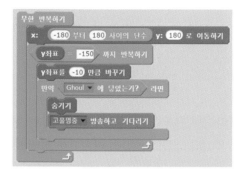

● 도넛은 계속해서 떨어져야 하기 때문에 만들어진 블록을 다음과 같이 결합합니다.

아래의 화면은 도넛이 떨어지는 장면과 도넛이 고울에 닿았을 때 고울명중을 방송하는 장면입니다.

[도넛이 떨어지는 장면]

[도넛이 고울에 닿았을 때 고울명중 방송하는 장면]

-●Tip

더 나은 이동방법을 개선한 파일은 🐷 다크버그의 놀이 – 이동방법 개선-완성.sbx 파일을 참고하세요.

미션 1   고울의 생명을 3개로 정하고, 초코파이보드에 LED 블록을 2개 추가로 연결하여 고울의 생명이 하나씩 감소할 때마다 LED의 불빛이 꺼지게 만들어 보세요.

미션 2   도넛에 바나나를 추가하여 게임을 한단계 어렵게 만들어 보세요. 바나나는 도넛이 나오고 난 다음 0~2초사이 뒤에 떨어져야 합니다.

미션 3   미션2와 결합하여 고울의 생명이 없어질 때 마다 LED의 불빛이 꺼지게 만들어 보세요.

미션 1 고울의 생명을 3개로 정하고, 초코파이보드에 LED 블록을 2개 추가로 연결하여 고울의 생명이 하나씩 감소할 때마다 LED의 불빛이 꺼지게 만들어 보세요.

● Programming Block

◆ 스프라이트: 고울

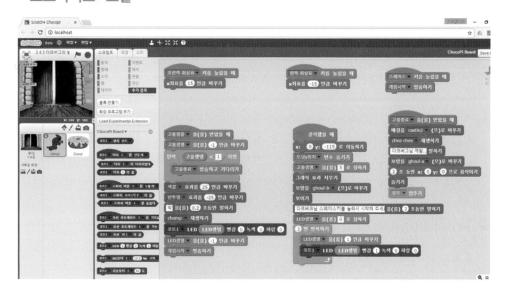

◆ 스프라이트: 도넛

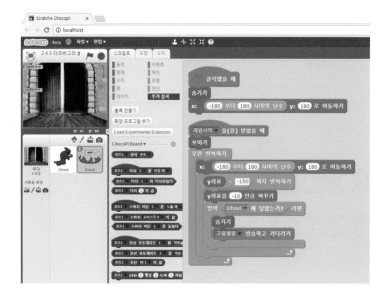

● **Additional Mission!!!** (새로운 생각을 적어보세요)

미션 2, 3 도넛에 바나나를 추가하여 게임을 한단계 어렵게 만들어 보세요. 바나나는
도넛이 나오고 난 다음 0~2초사이 뒤에 떨어져야 합니다. 또한 미션2와 결
합하여 고울의 생명이 없어질 때 마다 LED의 불빛이 꺼지게 만들어 보세요.

● **Programming Block**

◆스프라이트: 고울 핵심

◆ 스프라이트: 바나나

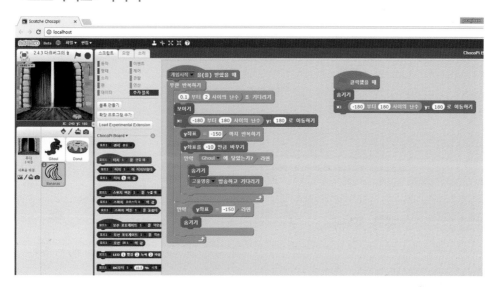

● **Additional Mission!!!** (새로운 생각을 적어보세요)

이상한 소년

3.1 이상한 소년

한편, 빈은 루프와 함께 소스학교에 들어가 많은 것들을 배우고 익혔습니다.

엄마의 파이보드를 움직일 수 있는 신기한 그림문양들과 소리와 형태블록들을 조정할 수 있는 것을 배웠습니다.

빈이 오고나서 일주일 뒤에 온 펑크(Func)라는 녀석은 신기하고 이상한 구석이 많았습니다.

어느날 아침에 오면 파란색 머리칼을 날리며 등장하기도 하였고, 어느날은 초록색으로 염색해서 다른 사람들을 놀라게 하기도 하는 괴짜 같은 친구였습니다.

"빈, 오늘은 우리 소스학교 뒤에 있는 뒷동산에 올라가지 않을래? 거기에 올라가면 소스학교에서 볼 수 없는 블록들이 있다고 하던데?"

"펑크, 거기는 사람들이 아무도 가지 말라고 한 곳이잖아?"

"짜식, 소심하기는! 그러니까 가보자는 거지. 어때 기초블록도 이제 다 배워가는데 무서울게 뭐가 있겠어? 네 여자친구 이프 구하려 간다며? 그렇게 소심해서야 이프는 무슨 스프도 못 구하겠다. 어때, 오늘 저녁에 가자!"

"으으..음. 그래. 저녁에 같이 가보는 걸로 하지 뭐!"

빈은 펑크의 핀잔 어린 충고에 내키지는 않았지만, 용기를 내어 가보기로 하였습니다.

창가의 달빛이 루프의 귓가를 감싸는 저녁이 되었습니다.

약속한대로, 루프와 빈은 펑크의 손에 이끌려 소스학교 뒷동산에 한걸음씩 올라가고 있었습니다.

무엇인지 모르는 소리가 들리는 것 같기도 하고 난생 처음보는 블록들의 형상이 보이기 시작했습니다.

'펑크, 저..저건 정말 처음보는 블록들인데? 무슨 색깔이 이상하다. 달빛을 받아서 그런가?'

그 때였습니다.

앞서 걸어가던 펑크가 갑자기 두 손을 위로 올리고 정지하라는 신호를 보냈습니다.

'멀리서 고울들이 오고있어!!!.'

아주 작은 소리로 얘기했지만 어떠한 의미인지 바로 알 수 있었습니다.

"빈, 일단 엎드리고 숨어서 빨리 파이어볼을 쏠 준비를 해~"

"루프, 파이어볼 빨리…."

루프는 파이어볼 스크립트를 실행시킬 준비를 하고 있었습니다.

빈, 펑크, 루프는 언덕뒤에 숨어서 고울들이 몰려오는 것을 숨죽여 볼 수 있었습니다.

"아악…다크버그님은 정말 너무하셔. 내가 도넛을 제일 싫어하는데 무지막지하게 던지다니"

뒷동산 너머의 언덕에서 고울들이 하는 소리가 들렸습니다.

한참 동안을 고울들의 빙빙거리는 모습을 뒤로하고 다시금 돌아가는 고울들을 보았습니다.

"펑크, 네가 얘기하는 것들이 고울이었어? 저렇게 날라다니고 이상하게 생긴 것들은 처음 봐. 이제 고울들이 돌아간 것 같아."

펑크는 지난날을 떠 올렸습니다.

무시무시했던 다크버그의 성을 탈출하며 나왔던 때가 생각이 났습니다. 하마터면 다크버그의 소스에 갇혀서 영원히 나오지 못할뻔 했던 기억이 떠올랐습니다.

🗨️ "휴……."

🗨️ "왜? 무슨 일 있어?"

🗨️ "아..아니! 그건 그렇고 이제 조금만 더 올라가면 언덕위에 오를 수 있겠다"

조금을 더 걸어서 올라가니 뒷동산 언덕위에 다 올랐습니다.

푸르스름한 달빛 아래로 소스학교가 한 눈에 보였습니다.

🗨️ "저기…저 쪽이야"

펑크가 가리킨 곳에는 정말 이전에는 볼 수 없었던 보라색의 신비한 블록들이 있는 것을 보았습니다.

그런데 자세히 보니 파란색의 블록들도 같이 움직이고 있었습니다.

🗨️ "어서 빨리 저기로 가보자."

펑크를 따라서 보라색의 신비한 블록들이 있는 곳으로 다가갔습니다.

보라색 블록 앞에서 보니 tv모양의 모니터가 있었는데, 빈의 모습이 보이는 것이었습니다.

🗨️ '음. 이상하다 거울인가?'

3.1.1 고울을 잡아라

● **Design**

파이어볼을 장착한 루프는 고울과 전투를 벌이고 있습니다.

마우스로 파이어볼의 방향을 잡아서 나타나는 고울을 잡는 게임입니다.

루프의 생명은 5로 하고 고울을 잡으면 끝납니다.

● Flowchart

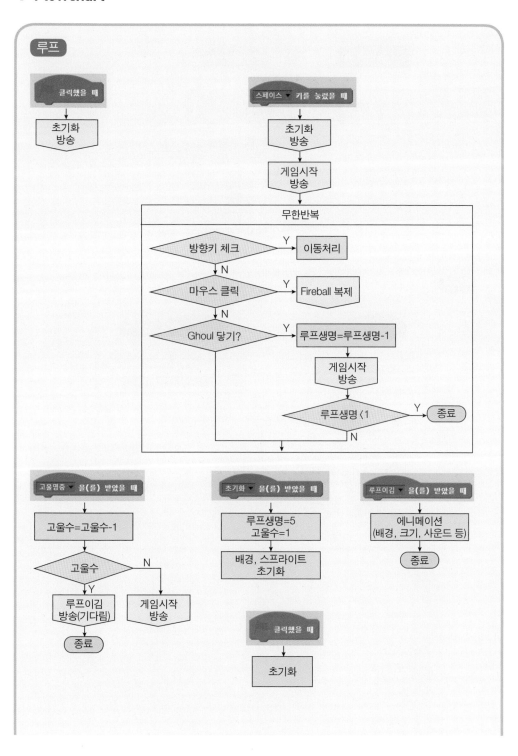

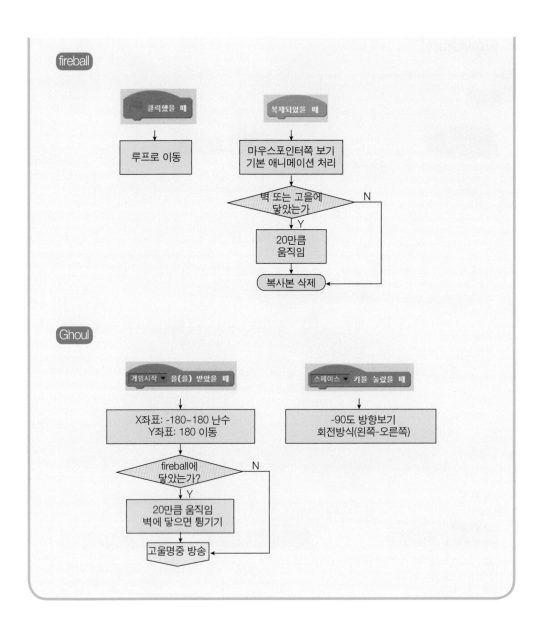

fireball

클릭했을 때
↓
루프로 이동

복제되었을 때
↓
마우스포인터쪽 보기
기본 애니메이션 처리
↓
벽 또는 고을에 닿았는가 —N→
↓Y
20만큼 움직임
↓
복사본 삭제

Ghoul

게임시작 ▼ 을(를) 받았을 때
↓
X좌표: -180~180 난수
Y좌표: 180 이동
↓
fireball에 닿았는가? —N→
↓Y
20만큼 움직임
벽에 닿으면 튕기기
↓
고울명중 방송

스페이스 ▼ 키를 눌렀을 때
↓
-90도 방향보기
회전방식(왼쪽-오른쪽)

● Programming  고울을잡아라.sbx

◆배경

소스학교 뒷동산에서 벌어지는 광경이므로 woods를 배경으로 합니다.

또한 게임이 끝났을 경우를 위해 stars 배경을 추가합니다.

◆루프

깃발을 클릭했을 때

깃발을 클릭하면 초기화를 위한 방송을 합니다.

[초기화] 방송을 받았을 때

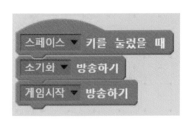

- 데이터 블록에서 루프생명, 고울수 변수를 만들고 루프생명은 5, 고울수는 1로 정합니다(향후 고울의 숫자를 늘릴경우 필요합니다).
- 루프를 (0, −137)위치로 이동시키고 90도 방향으로 보게하고 회전방식을 왼쪽−오른쪽으로 정해 줍니다.
- 게임의 배경화면을 woods로 바꾸고, 루프의 크기를 40%로 작게 만듭니다.

[게임시작: 스페이스키를 눌렀을 때]

- 스페이스 ▼ 키를 눌렀을 때
- 소기화 ▼ 방송하기
- 게임시작 ▼ 방송하기

이전 게임을 위해 초기화를 진행하고, 게임시작 방송을 하여 고울을 등장시킵니다.

그리고 다음의 블록을 위의 블록들과 결합하여 구성합니다.

블록은 크게 루프의 방향이동, 파이어볼 발사, 고울과 부딪혔을 때로 세 부분으로 나누어집니다.

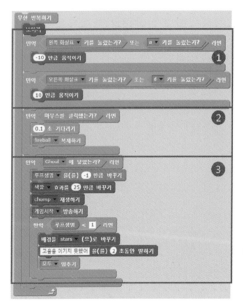

❶ 루프의 이동(왼쪽 또는 a, 오른쪽 화살표 또는 d 키를 눌렀을 때 이동하는 것입니다)

❷ 파이어볼 발사

제어블록에서 마우스를 클릭하면 바로 발사되는 것이 아니라 0.1초 기다린 다음 fireball 스프라이트를 복제하여 발사합니다.

복제하기 블록은 제어블록에서 fireball을 선택하면 됩니다.

❸ 루프에 고울이 부딪혔을 경우

루프생명 값을 하나 감소시키고 색깔의 효과를 25만큼 바꿉니다. 사운드효과를 chomp 재생하고 다시 고울을 나타나게 하기 위해 '게임시작' 방송하기 블록을 추가합니다.

만약 루프생명이 1보다 적을 경우 게임이 끝나는 경우이므로 배경을 바꿔주고 적절한 안내멘트를 추가하고 종료합니다.

[고울명중]을 받았을 때

루프가 쏜 파이어볼이 고울에 명중하였을 경우, 고울 스프라이트에서는 '고울명중'을 방송하게 됩니다.

루프 스프라이트에서 고울명중을 받을 경우 고울수를 1개 감소하고 고울수가 0이 되면 루프가 이겼음을 방송하고 기다립니다. 루프가 이긴 것에 대한 처리과정이 끝나면 게임을 종료합니다.

프로그램을 개선하여 만약 고울의 수가 많을 경우 계속해서 게임이 시작되어야 하기 때문에 게임시작을 다시 방송하게 됩니다.

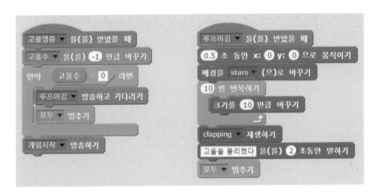

◆파이어볼

깃발을 클릭했을 경우

게임이 시작되기 전으로 파이어볼을 표시하지 않습니다. 루프와 항상 붙어있어야 하기 때문에 루프로 이동합니다.

복제되었을 경우

루프의 스프라이트에서 마우스가 클릭되었을 경우, 파이어볼 스프라이트를 복제합니다.

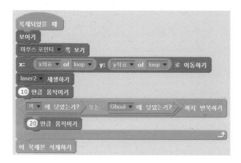

- 우선 마우스포인터 방향으로 이동 해야 하기 때문에 마우스 포인터쪽을 봅니다.
- x,y 좌표는 루프의 x,y좌표로 이동하게 되고
- 발사음을 재생하게 됩니다(소리탭에서 laser2 사운드를 추가하세요).
- 마우스포인터쪽으로 10만큼 움직이고 (발사시작)
- 벽 또는 고울에 닿을때까지 20만큼 움직이게 됩니다.
- 그리고 발사된 파이어볼은 삭제됩니다.
- 마우스를 계속해서 클릭하게 되면 위의 과정이 반복되는 것입니다.

◆고울

[게임시작]을 받았을 경우

우선 고울의 모습을 보여주고, 화면의 위쪽에서 다양한 x좌표(−180에서 180 사이)범위에서 나타날 수 있도록 위치를 이동시킵니다.

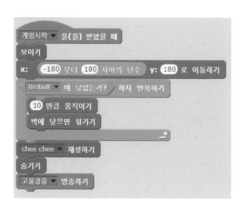

- 발사된 fireball에 닿을때까지 고울은 10만큼 움직이면서 벽에 닿으면 튕기는 동작을 하게 됩니다.
- 만약 fireball에 닿게 되면 chee chee 사운드를 재생하고, 고울의 모습을 숨깁니다.
- 고울이 명중했으므로 루프 스프라이트에 '고울명중'을 방송합니다.

◆게임실행화면

[날라다니는 고울과 루프에게서 파이어볼이 발사되는 장면]

[고울을 물리쳤을 경우 나타난 화면]

●　●　●　●　●　●　●
●　●　●　●　●　●　●

미션 1　　두개 이상의 고울이 루프를 공격하게 하려면 어떻게 해야할까요?

●　●　●　●　●　●　●
●　●　●　●　●　●　●

미션 2　　초코파이보드의 버튼 블록과 LED 블록을 활용하여 보다 재미있게 게임을
만들어 봅시다.

미션 1　두개 이상의 고울이 루프를 공격하게 하려면 어떻게 해야 할까요?

● Programming Block

스프라이트에서 고울을 2개를 만듭니다.

스프라이트: 루프 (2개의 고울을 비교해야 합니다)

● **Additional Mission!!!** (새로운 생각을 적어보세요)

미션 2   초코파이보드의 버튼 블록과 LED 블록을 활용하여 보다 재미있게 만들어 봅시다.

● **Programming Block**

스프라이트: 루프에서 조이스틱을 사용하고, LED를 추가했습니다.

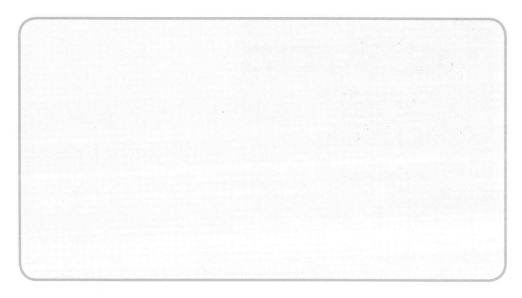

고울이 명중되면 고울수 번호의 LED가 꺼지게 됩니다.

● **Additional Mission!!!** (새로운 생각을 적어보세요)

3.1.2 세 개의 눈

🐱 "으…다시 돌아오겠다. 다크버그님과 함께… 무사하지 못할꺼야"

고울은 파이어볼의 공격을 이기지 못하고 사라져버렸습니다.

🐴 "펑크, 루프~~ 우리가 이겼어! 드디어 해냈다구!"

빈과 루프 그리고 펑크는 고울의 공격을 무사히 이겨낸 것에 기뻐하고 있었습니다.

빈이 보았던 tv에서는 아까부터 이상한 빛이 새어나오고 있었습니다.

🐴 "펑크, 아까 봤었던 이상한 tv 모니터 거기에서 빛이 나오고 있는데?"

🐹 "오~ 짜식~ 너 많이 용감해졌다? 아까는 무서워서 설레발치더니 그거 다 거짓말이었네? 하하"

🐴 "그건 그렇고, 저기 보라색 블록에 있는 tv 모니터 한 번 눌러볼까? 파이어볼은 루프와 내가 했으니 이건 펑크 네가….."

🐹 "알았다..알았어…이상한 것은 나 시킬려고 그러는구나? 자 그럼 다가가서…이렇게…"

펑크는 보라색 블록에 있는 tv모니터에 다가갔습니다.

그런데…!

모니터에 3개의 빨간색 눈이 켜져 있었습니다.

🐹 "빈, 이리와 봐. 이게 뭐하는 걸까?"

한발짝 뒤에서 보고있었던 빈은 펑크에게 다가갔습니다.

🐴 "그러게? 이 빨간색 눈이…."

그러자 빨간색 눈이 파랗게, 노랗게 색깔을 바꾸기 시작했습니다.

그런데, 한참을 보다보니 일정한 색깔의 형태가 나타나기 시작했습니다.

🐴 "음.. 처음에는 빨간색 1개에, 그 다음엔 빨간색 2개, 그 다음엔 빨간색 3개가 불이

켜졌다가…

보라색블록들도 마치 이것과 연결이 된 것처럼 막 움직이기 시작했습니다.

tv옆에 있던 모니터에서 음산한 소리가 들렸습니다.

"빈, 그까짓 파이어볼로 나를 공격하겠다고? 어디 잡을 수 있으면 잡아봐.. 이프는 내가 가두고 있다. 음하하하"

"다크버그야! 음..그랬었군. 다크버그가 보라색블록도 조종하고 있어. 우리는 이 녀석을 연결해야 할 것 같아~"

"뭐라고? 빨간색 눈을 연결한다고? 어떻게?"

"여기봐, tv모니터와 연결된 선이 있어. 이것을 파이보드와 연결해서 만드는 것이 겠지?"

말이 끝나자 마자 펑크는 루프에 담겨있는 파이보드를 꺼내어 tv모니터의 잭과 연결하였습니다.

그렇자 루프의 눈도 빨갛게 변하고 있었습니다.

"아무래도 나타나는 패턴이 무엇인가를 의미하고 있는 것 같아."

"아..루프를 이용해서 알아내야겠다"

펑크와 빈은 루프에 파이보드의 터치블록을 연결하고 LED 블록을 연결하였습니다.

그렇자 tv모니터에 나오는 빨간색 눈 3개가 일정한 패턴으로 보여주기 시작했습니다.

"펑크 이것을 우리가 해석하면 오히려 이것을 가지고 다른 것도 알아낼 수 있을 것 같아"

"그래 다크버그의 성에 들어가려면 이 패턴에 대해서 꼭 알아봐야 해"

● Design

0~7까지의 숫자를 입력하여 해당되는 숫자패턴을 LED로 표시하고, 화면에도 나타나게 해야 합니다.

● 숫자패턴

tv모니터에서 표시하고 있는 패턴을 분석하면 다음과 같습니다.

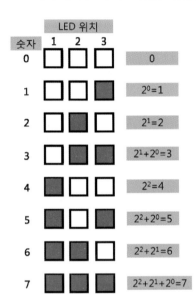

- 예를 들어 아무것도 표시되지 않으면 0을 나타냅니다. 불이 들어오면 1로 나타냅니다. LED의 위치값은 2의 제곱근에서 승수를 나타내고 있습니다.

- 1번 위치에 빨간색 빛이 들어오는 ■□□ (100)인 경우는 2^2이므로 4를 나타내고 있습니다.

- 숫자 7의 경우에는 ■■ ■(111)로 모든 빨간색에 빛이 다 들어온 경우로 22 + 21 + 20 = 7로 계산할 수 있습니다.

◆ 초파이보드 연결

[LED 해독기 만들기]

- LED 빛이 너무 밝기 때문에 빈에게 휴대하기 좋은 LED 해독기를 만들어 주기 위해서 주위에서 휴대폰 배터리케이스와 같은 휴대 간편한 물건을 구합니다. 다음 그림과 같이 해당부분에 전선케이블을 통과시키기 위해 커터칼 등으로 도려내어 만듭니다. 또는 탁구공이나 반투명한 테이프 등을 이용하여 붙여도 됩니다(숙련된 사람만 하고 꼭 안전에 유의하여야 합니다. 교재에서는 케이스는 제공되지 않습니다).

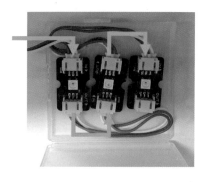

• 다음 그림과 같이 LED를 IN-OUT-IN-OUT-IN-OUT 형태로 연결하여 케이스에 넣습니다.

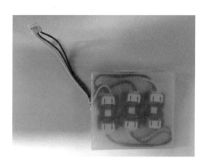

• 왼쪽과 같이 선을 정리하여 케이스를 닫으면 됩니다.

[초코파이보드와 연결]

초코파이보드의 4번 포트에 연결합니다. 실제 추가블록에 있는

포트4 ▾ LED 위치 ③ 빨강 ⓪ 녹색 ⓪ 파랑 ⓪ 블록과의 관계는 다음과 같습니다.

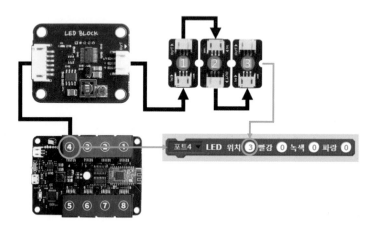

첫번째 포트4는 초코파이보드에 연결된 포트의 번호를 의미합니다.

두번째 LED 위치는 LED 블록에 연결된 LED의 순서를 나타냅니다.

세번째 색깔은 빨강, 녹색, 파랑 세 가지 조합으로 나타낼 수 있으며 빨강, 녹색, 파랑의 숫자는 0~255까지의 밝기를 표현하여 대표적인 색상은 다음과 같은 숫자로 조합하면 됩니다.

Color	Color HEX	Color RGB
	#000000	rgb(0, 0, 0)
	#FF0000	rgb(255, 0, 0)
	#00FF00	rgb(0, 255, 0)
	#0000FF	rgb(0, 0, 255)
	#FFFF00	rgb(255, 255, 0)
	#00FF	rgb(0, 255, 255)
	#FF00FF	rgb(255, 0, 255)
	#C0C0C0	rgb(192, 192, 192)
	#FFFFFF	rgb(255, 255, 255)

● Flowchart

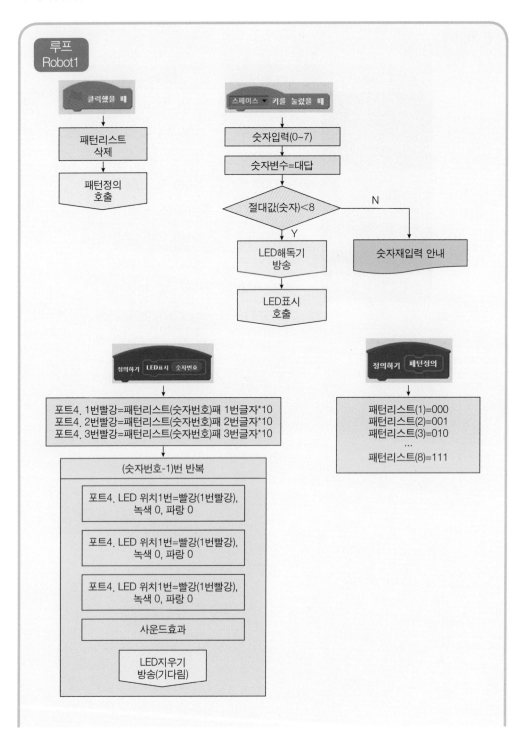

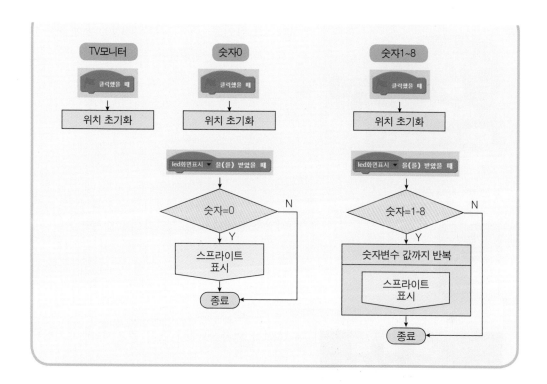

● Programming

◆ 무대배경

무대배경은 다크버그의 성으로 가는 길목에 있으므로 castle3으로 설정합니다.

◆ 스프라이트 추가

루프 스프라이트인 Robot1, tv모니터, 숫자 0과 1파일을 불러와서 스프라이트에 추가합니다.

스프라이트 배치

● tv모니터 스프라이트(LED사진)를 다음과 같이 x.y좌표(52,87)에 배치하고 클릭했을 경우 1000번째로 물러나기로 하여 배경의 맨 뒤로 보냅니다.

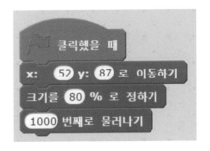

기타 스프라이트: 프로그래밍 과정을 통해 하나하
나 추가하거나 수정합니다.

◆루프 스프라이트

- 저장소에서 Robot1 스프라이트를 불러옵니다.

- 화면의 왼쪽 아래에 보기 좋은 곳에 배치합니
  다.

패턴 정의하기

- LED의 패턴형태를 정의하기 위해서 추
  가블록에서 '패턴정의' 블록을 만듭니다.

- 패턴정의 블록이 만들어지면 다음과 같
  은 추가블록이 나타납니다.

- 숫자에 따라 LED의 빨간색 표시패턴을
  저장할 수 있는 리스트변수를 데이터블
  록에서 하나 추가합니다.

● 숫자에 맞는 LED 패턴들을 패턴리스트 블록에 넣습니다.

숫자	패턴리스트 저장번호	패턴유형
0	1	000
1	2	001
2	3	010
3	4	011
4	5	100
5	6	101
6	7	110
7	8	111

● 추가블록 패턴정의 아래에 패턴리스트들을 저장하는 블록 프로그래밍입니다.

깃발 클릭시

깃발을 클릭했을 경우 패턴리스트에 있는 항목들을 삭제합니다(현재는 이 부분은 필요는 없습니다. 추후 새로운 패턴들로 채우거나 할 경우에 초기화가 필요합니다).

그리고 추가블록에서 정의해 놓은 패턴정의 블록을 가져다 놓습니다.

- 숫자를 해독한 패턴을 나타내기 위해서 '0~7까지 숫자를 입력해 주세요'라고 묻고 기다립니다.

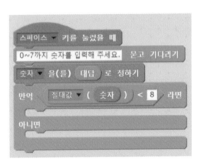

- 숫자변수를 하나 추가하고 입력받은 대답 변수의 값을 저장합니다.

- 0~7사이만 입력 받을 수 있도록 만약 ~라면, 아니면 블록을 가져다가 다음과 같이 조건을 만들어 비교합니다.

- 여기서 어떤 형태의 숫자(양수, 음수)가 입력되어도 모두 양수로 표시될 수 있도록 연산블록의 절대값 블록을 사용합니다.

• 만약 입력받은 숫자변수의 값이 8보다 작을 경우 화면에 LED의 형태를 표시해 줄 수 있는 내용을 방송합니다.

• LED를 표시할 수 있는 추가블록 [LED표시] 블록 만들기

입력받은 숫자를 LED 패턴으로 표시할 수 있도록 추가블록에서 다음과 같이 설정합니다.

❶ 추가블록 이름 설정: LED표시 라고 설정합니다.

❷ 선택사항에서 드롭다운 버튼을 클릭합니다.

❸ 숫자 매개변수 추가하기를 클릭합니다.

❹ 나타난 변수명에 숫자번호라고 입력합니다.

• 입력을 완료하고 나면 다음과 같은 추가블록이 만들어 집니다.

• 계속해서 입력받은 숫자를 나타낼 수 있는 패턴을 불러오기 위해 '패턴리스트'에 저장된 항목을 불러오도록 합니다.

- 숫자에 1을 더한 이유는 패턴리스트에 저장되는 번호 순서가 1번부터 저장되기 때문에 그렇습니다. 다시 말하면 숫자 0을 나타내는 패턴은 '패턴리스트'에서 1번째 항목에 저장되어 있다는 의미입니다.

- 0~7번 사이의 범위가 아닌 경우에는 다음과 같이 안내하는 블록을 추가해 줍니다.

```
스페이스 ▼ 키를 눌렀을 때
0~7까지 숫자를 입력해 주세요. 묻고 기다리기
숫자 ▼ 을(를) 대답 로 정하기
만약 절대값 ▼ ( 숫자 ) < 8 라면
    led화면표시 ▼ 방송하기
    LED표시 숫자 + 1
아니면
    0~7 사이 숫자를 입력해 주세요. 을(를) 2 초동안 말하기
```

LED표시 추가블록 정의하기

이해를 돕기 위해서 앞의 프로그래밍 대로 입력받은 숫자가 1이라고 한다면 LED표시에 입력되는 숫자번호의 값은 2가 됩니다.

- 실제 LED 표시 추가블록을 동작시키기 위해 다음과 같은 순서로 정의합니다.

```
정의하기 LED표시 숫자번호

1번빨강 ▼ 을(를) ( 1 번째 글자 ( 숫자번호 번째 패턴리스트 ▼ 항목 ) * 10 로 정하기
2번빨강 ▼ 을(를) ( 2 번째 글자 ( 숫자번호 번째 패턴리스트 ▼ 항목 ) * 10 로 정하기
3번빨강 ▼ 을(를) ( 3 번째 글자 ( 숫자번호 번째 패턴리스트 ▼ 항목 ) * 10 로 정하기
```

첫번째로 1번빨강의 변수값은 어떻게 저장되는지 알아봅시다.

- 데이터블록에서 LED 블록에 연결되어 있는 LED 순서대로 1번빨강, 2번빨강, 3번빨강 변수를 만들어 줍니다.

- 1번빨강 변수에는 LED표시 추가블록에 입력된 숫자번호(예를 들면 2번)를 참고하여 패턴리스트의 2번째 항목('001')을 가져옵니다.

- 패턴리스트 2번째 항목에는 다음과 같이 '001'이라는 값이 저장되어 있습니다.

- 가져온 값 '001' 중에서 맨 앞의 첫 글자를 가져옵니다. 여기서는 '0'이 되겠습니다.

- 그리고 색깔을 나타내기 위해서 가져온 값에 10을 곱해 줍니다. 0 * 10 = 0이됩니다.

- 1번빨강 변수는 0의 값이 저장되는 것입니다.

마찬가지로 2번빨강 변수, 3번빨강 변수도 같은 절차로 프로그래밍 합니다. 물론 다음과 같이 2번빨강 변수에는 패턴리스트에서 가져온 항목에서 2번째 글자를, 3번빨강 변수에는 3번째 글자를 가져와야 합니다.

- 계속해서 LED에 가져온 값을 기반으로 표시해 주는 블록을 만들어 봅시다.

- 입력된 숫자번호에서 1하는 뺀 값(실제 숫자, 숫자변수를 활용해도 됩니다)만큼 깜빡이게 하기 위해서 다음과 같이 블록을 구성합니다.

- 각각의 LED 순서대로 1번빨강, 2번빨강, 3번빨강 값을 표시할 수 있는 LED 블록을 설정합니다. 포트번호, LED위치의 값에 유의하세요.

- 그리고 효과음을 추가(laser1)하고 0.5초 기다립니다(실제 0.5초간 표시됩니다).
- 다음으로 표시된 LED를 지우기 위해서 'led지우기'를 방송하고 기다리기를 추가합니다.

- led지우기를 받았을 때 블록을 만들고 나서 표시한 LED를 차례대로 꺼주고 0.1초 기다립니다(0.1초간 꺼주는 효과입니다).

- 최종적으로 'LED표시' 추가블록에 만들어진 블록 프로그래밍의 화면입니다.

◆숫자0 스프라이트

깃발을 클릭했을 경우

화면에 나타나면 안되니 숨기기 블록을 가져다 놓고, 특정한 위치(58,85)로 이동합니다. 크기를 tv모니터(LED사진) 그림에 배치할 수 있도록 다음과 같이 블록을 프로그래밍 합니다.

led화면표시를 받았을 때

- 만약 입력받은 숫자가 0이라면 1초동안 해당 스프라이트를 보여줍니다.

◆숫자1 스프라이트

깃발을 클릭했을 경우

- 화면에 나타나면 안되니 숨기기 블록을 가져다 놓고, 특정한 위치(58,85)로 이동합니다. 크기를 tv모니터(LED사진) 그림에 배치할 수 있도록 다음과 같이 블록을 프로그래밍하는 것을 동일 합니다.

- 숫자가 1이라면 해당 숫자만큼 깜빡여 줘야하 기 때문에 다음의 블록들을 추가해 줍니다.

숫자2,3,4,5,6,7번 스프라이트

숫자 1번 스프라이트와 블록 프로그래밍들이 같으나 숫자변수와 비교되는 숫자값만 달라집니다(2,3,4,5,6,7).

- 스프라이트 창에서 숫자1 스프라이트를 선택하고 마우스 오른쪽 버튼을 클릭하 여 복사합니다.

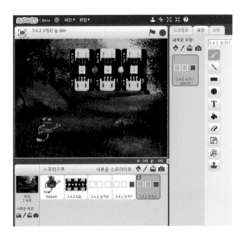

- 복사된 스프라이트를 선택하고 모양탭 을 클릭합니다. 모양파일을 업로드 하기 를 클릭하여 해당 숫자 모양 파일을 선택 하고 업로드 합니다(예: 2).

◆복사한 스프라이트 선택

- 새로운 모양선택 상자에서 🔼를 클릭하여 탐색기 창을 열고 해당되는 숫자 스프라 이트를 불러옵니다.

● 기존의 모양은 삭제합니다.

● 스크립트 탭에서 스프라이트 숫자에 해당되는
  내용으로 숫자변수와의 비교값을 수정합니다.

● 마찬가지의 방법으로 3,4,5,6,7번 스프라이트도 똑같이 적용합니다.

● LED 해독기 실행하기

◆깃발을 클릭했을 때

◆1을 입력했을 때 화면에 LED 패턴표시

- 화면 및 초코파이보드에 표시

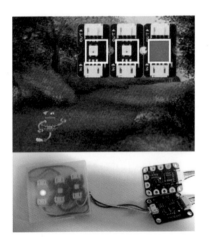

입력되는 숫자에 따라 실제 깜빡이는 것도 같이
살펴보시기 바랍니다.

미션 1 이번에는 반대로 0~7까지의 숫자를 랜덤으로 나타내고 초코파이보드에서 버튼을 터치하여 해당 패턴을 맞추는 게임을 만들어 보세요.

미션 2 화면에 0~7사이의 숫자가 나타납니다.

미션 3 나타난 숫자에 맞는 패턴을 터치블록에서 터치합니다(1~3번포트 사용).

미션 4 터치된 버튼이 해당 숫자에 정의된 패턴과 일치할 경우 LED 해독기에 다양한 효과를 주고, 점수를 올립니다.

미션 1   1~4의 내용 중에서 핵심적인 것은 다음과 같습니다.

● Programming Block

◆스프라이트: 숫자4 (일부분)

스프라이트 Robot1에서 입력받은 숫자를 숫자4 스프라이트에서 받아 호출하는 부분입니다. 자세한 내용은 초코파이보드 홈페이지에서 확인하세요.

● Additional Mission!!! (새로운 생각을 적어보세요)

3.2 이프를 구해라

3.2.1 미로 속 이프

● **Programming Story**

🧑 "빈, tv모니터에 나타난 숫자야"

632, 562

🧑 "led 해독기로 빨리 해독해 봐…"

👦 "음. 잠시만 숫자를 해독하면 다음과 같이 나오는데"

6 ■■□
3 □■■
2 □■□
5 ■□■
6 ■■□
2 □■□

🧑 "좋았어…이게 바로 다크버그의 성문을 열 수 있는 열쇠인 것 같다"

👦 "우리가 만든 LED 해독기에 다른 센서들도 더 추가해서 다크버그를 물리치러 가자"

빈과 펑크는 루프와 연결한 LED 해독기에 센서블록을 추가하여 연결하였습니다.

센서블록에는 뜨겁고 차가운 것을 알게 해 주는 온도센서, 건조하고 습한 정도를 알 수 있는 습도센서, 밝고 어두운 정도를 알 수 있는 조도센서로 구성되어 있습니다.

🧑 "그래, 이것이라면 될 것 같아. 다크버그는 주로 어두운 곳에서 돌아다니는 소스니까 이러한 센서들이 도움이 될 것 같아."

밤이 늦도록 고울과의 싸움과 tv모니터에 나타난 패턴들을 해독하느라 지친 빈의 일행들은 그들도 모르게 잠깐 눈을 붙이게 되었습니다.

"이프, 너 왜 자꾸 장난치니?"
"우리 오늘은 학교 마치고 떡볶이 한 판 어때? 네가 좋아하잖아?"
"그럴까? 사실 엄마가 만들어 주신 떡볶이가 더 맛있는데…"
"뭐라구? 네.네 엄마한테 많이 만들어 달라고 하세요…칫."
"아..아니야. 떡볶이 먹으러가자. 안그래도 먹고 싶었었어."

빈과 이프는 학교를 마치고 근처에 있는 떡볶이를 먹으러 갔습니다.
"어때? 오늘 너랑 먹으니까 정말 맛있어!"
"나도 그래. 근데 이번에는 달걀이 엄청 큰거 같다?"

빈은 달걀을 집어보려 하지만 달걀이 이리저리 피해 다니는 것 같이 잡히지 않았습니다.
"이이그, 이리줘봐..내가 집어줄께"
이프는 말을 하자마자 익숙한 듯 달걀을 집어서 빈에게 건네주었습니다.
"아무튼 넌 내가 없으면 달걀도 못 먹어.."
"뭐라구~~ 하하하하"

잠시뒤 장면이 바뀌고 이프의 울음소리가 들렸습니다.
"빈..어디에 있어? 왜 빨리 오지 않는거야.. 여기 무서워 죽겠어. 아무것도 없고 온통 습하고 어두워."
"이프… 이프니? 난 아무것도 보이지 않아. 이프…이프…"

"이프~~~~"

펑크는 빈이 외치는 소리에 잠시 붙였던 잠에서 깨어났습니다.

"휴…빨리 다크버그의 성으로 가야겠어."
"그래, 내가 같이 가 줄께. 나도 해결해야 할 일이있어"
"무슨일인데?"
"그건, 지금 말할 수 없고… 아무튼 빨리 일어나 가자… 루프 앞장서"

루프를 앞세우고 빈과 펑크는 다크버그의 성으로 향했습니다.

한참을 걸어가고 있었을까. 드디어 루프와 연결된 led 해독기에서 빨간색 불빛이 깜빡거렸습니다.

🧒 "빨간색 불빛이 깜빡거린다는 것은 온도가 낮아진다는 뜻인데…다와가는 것 같아"

다크버그의 성문은 다음과 같은 패턴을 입력할 수 있는 장치로 잠겨져 있었습니다.

🧒 "뭐 이정도야…"

빈은 아까 해독하였던 패턴을 능숙하게 입력하였습니다.

🧒 "led 해독기를 실행시켜.. 보자 6.. 이 패턴이군. 그 다음은 3. 음 이렇게 입력"

'띠..띠리리릭'

드디어 다크버그의 성문을 열었습니다.

🕵 "이녀석들이 기어이 들어왔구나. 이프를 그리 호락호락하게 구할 수 있을 것 같아? 어림없는 소리.. 고울, 박쥐 모두 총 공격하고 미로로 막아버려!"

🐷 "다크버그님, 분부하신대로 하겠습니다."

고울은 다크버그의 성을 하나의 미로로 만들고 빈, 루프와 펑크 일행들을 가두어 버렸습니다.

깜깜한 암흑의 세계와 같은 다크버그의 성에서 이프를 구할 수 있는 필사의 대결이 펼쳐지기 일보직전입니다.

🧒 "이제부터 숨소리를 죽여. 조심해서 들어가자."

눈 앞에 펼쳐져 있는 것은 바로 거대한 미로였습니다.

🧒 "루프 빨리 led 해독기를 작동시켜.. 아무것도 보이지가 않아.."

🧒 "그래 이번에 힘을 합쳐서 꼭 다크버그를 물리치자."

🧒 '기다려, 이프 내가 갈 테니까…'

● Programming Story

루프를 이동시켜서 이프를 찾아 나선다.

다크버그의 성안에 있는 미로는 게임화면의 배경에서 구현되어 있다.

만약 어두운 곳에서 게임을 하면 숨어있는 고울들이 나타난다.

led해독기에서 루프의 에너지 등을 표시해 준다.

루프에너지를 올리거나 파이어볼을 발사할 수 있는 아이템 3개를 둔다.

● Flowchart

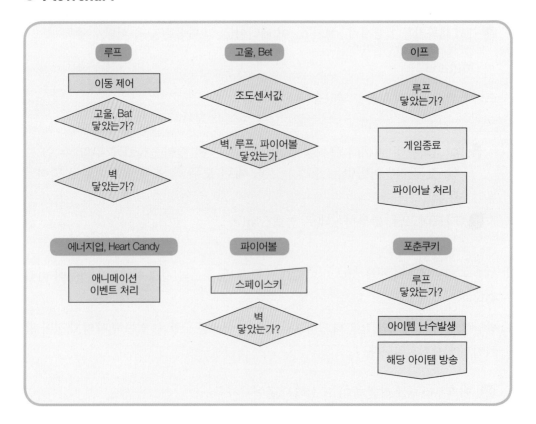

● Programming  미로 속 이프-완성.sbx

◆무대배경

다크버그의 성에서 빈과 펑크가 조종하는 루프를 통해 이프를 구하러 복잡한 미로를

헤쳐나가기 위해서 다음과 같은 미로 배경을 업로드하여 설정합니다.

◆변수 만들기

데이터블록에서 남은시간, 루프속도, 루프에너지, 아이템, 제한시간, 조도 변수를 만들어 줍니다.

◆루프

루프 및 변수등등 초기화

• led끔 방송하기를 통해 led 해독기의 불빛을 끕니다.

• led끔 방송하기의 블록은 다음과 같습니다.

포트4번에 연결된 led 블록에 순서대로 연결된 1,2,3번 led를 끕니다.

• l초기위치로 이동하고 루프속도, 루프에너지의 변수값을 정해주고 파이어볼을 쏠 수 있을 때 나타나는 남은시간 변수를 숨깁니다.

루프의 이동

● 루프의 이동과 관련된 블록들은 다음과 같습니다.

각각의 화살표 키를 눌렀을 때, 설정한 방향대로 루프의 속도만큼 움직이게 됩니다. 만약 루프의 속도를 높여주면 '루프'는 더 빨리 움직입니다. 이것은 아이템을 획득했을 때 루프속도 변수값을 변경하는 것도 재미있을 것입니다.

● 화살표 이동을 체크하고 '벽체크 방송하기'를 통해서 미로속의 벽에 부딪혔는지 다음과 같이 확인하게 됩니다.

[벽체크]를 받았을 때

● 만약 미로벽의 색깔에 닿게된다면 먼저 '루프'의 진행방향을 체크하게 됩니다.

설정되어 있는 방향의 절대값이 90이라면 좌우에 해당하는 것입니다. 따라서 방향변수값에 −1을 곱하여 반대방향으로 보게 합니다. 방향의 절대값이 180이라면 위아래에 해당하기 때문에 보다 많이 움직여서 미로벽에서 떨어지게 만듭니다.

[박쥐부딪힘]을 받았을 때

- 박쥐부딪힘을 받았을 때는 효과음(boing)을 재생하고, 루프에너지 값을 10만큼 감소합니다.

- 시작 위치로 루프를 이동시키고 포트4에 연결된 1번째 led 불빛을 루프의 에너지값만큼 나타내줍니다. 루프의 에너지가 감소하게 되면 빨간 불빛도 약해지게 됩니다.
- 루프에너지체크)를 방송하여 루프의 에너지가 감소하였는지 확인합니다.

[고울부딪힘]을 받았을 때

- 박쥐부딪힘을 받았을 때와 동일하나 감소되는 값은 20으로 고울에서 입은 타격은 더 크게 나타납니다.

[루프에너지체크]를 받았을 때

- 루프에너지가 다 감소하였는지를 체크함으로써 사실상 게임을 종료합니다.

물론 루프의 에너지상태에 따라서 led 해독기에 불빛이 깜빡인다든지 하는 방법으로 또다른 표시를 줄 수도 있을 것입니다.

◆고울

- 초코파이보드의 조도센서를 활용하여 조도센서의 값이 500이하라면 어두운 곳에서 더 유리한 고울의 모습을 나타나게 하고 아니면 숨어서 보이지 않게 합니다.

- 고울 스프라이트들마다 고유한 위치값을 지정해 줍니다. 보다 편리한 방법으로는 연산블록을 활용하여 미로벽에 닿지 않는다면 어느 위치에서든 나타나게 만들어 보는 것도 좋을 것입니다.

- 고울 스프라이트의 움직이는 속도는 5로 설정하였습니다. 게임의 난이도에 따라서 변경하거나 고울속도라는 변수를 만들어 적용하는 것도 좋을 것입니다.

- 초코파이보드의 조도센서값을 활용하여 고울 스프라이트의 표현 유무를 결정짓는 블록입니다.

- 초코파이보드 포트7번에 연결된 조도값(0~4095 사이)을 체크합니다. 일반적으로 밝을 경우 3000 이상됩니다.
- 고울 스프라이트와 부딪히는 경우는 다음의 3가지 경우가 있습니다.

① 미로의 벽에 닿았을 경우: 180도 회전합니다.

② 루프에 닿았을 경우: '고울부딪힘'을 방송하고 기다립니다.

③ 파이어볼에 닿았을 경우: chee chee 사운드를 재생하고 숨깁니다.

마찬가지로 다른 고울 스프라이트들도 위의 블록 프로그래밍과 동일하게 적용합니다.

◆박쥐

- 박쥐 스프라이트들은 위아래 움직이는 스프라이트들입니다. 물론 속도는 고울보다 조금 느리게 설정합니다. 또한 박쥐 스프라이트들과 닿을 경우는 고울의 경우와 마찬가지로 미로의 벽, 루프, 파이어볼에 닿을 경우 3가지입니다.

◆포춘쿠키

게임을 진행할 때 유용하게 쓰이는 것이 아이템입니다. 포춘쿠키 아이템을 활용하여 1~2가지 아이템이 나올 수 있도록 연산블록의 난수블록을 활용하여 구성합니다.

- 루프가 포춘쿠키에 닿았는지 확인하고 만약 닿았다면 아이템 변수에 1~2사이에 발생시킨 난수값을 저장합니다.
- 포춘쿠키를 획득하였으므로 포춘쿠키 스프라이트는 숨깁니다.
- 아이템 1은 루프에너지를 올려주는 아이템으로 '아이템1'을 방송합니다.
- 아이템2는 '파이어볼'을 발사할 수 있는 아이템으로 '아이템2'를 방송합니다.

위와 같은 똑 같은 포춘쿠키를 복사하여 미로의 적당한 곳에 둡니다.

◆아이템1 - 에너지업

깃발클릭

- 깃발을 클릭했을 때 게임이 시작되면 해당 아이템은 숨겨둡니다.

[아이템1]을 받았을 때

- 아이템 획득 사운드를 재생합니다.
- 아이템을 보여주고 획득효과를 재생한 다음
- 루프 에너지를 10만큼 올려줍니다.

◆아이템 2 – 파이어볼

● 앞서 만들어 보았던 파이어볼 아이템은 크게 아이템2를 받았을 때, 파이어볼적용을 받았을 때, 파이어볼이 복제되었을 때 3가지 조건으로 구성됩니다.

[아이템 2]를 받았을 때

● 해당 블록 프로그래밍은 다음과 같습니다.

● 우선 '파이어볼외쳐' 방송을 통해 이프가 파이어볼을 사용하라고 알려주게 합니다.

● 파이어볼 아이템은 다른 아이템과는 달리 제한시간이 있습니다. 따라서 남은시간 변수를 보여줍니다.

● 팝 사운드를 재생하고 파이어볼 스프라이트는 루프옆에 이동하게 됩니다.

● 타이머를 초기화하고 제한시간을 5초로 정합니다.

● '파이어볼' 적용을 방송하여 스페이스키를 누르면 파이어볼이 발사되게 합니다.

● 제한시간 안에 남은시간을 표시하고, led 해독기에서도 녹색에 시각적으로 표시하기 위해서 다음과 같이 블록을 프로그래밍 합니다.

● 남은시간의 값은 설정한 제한시간에서 계속해서 흘러가고 있는 타이머 값을 빼준 값의 반올림 값으로 초단위로 표시가 무한으로 반복됩니다.

- 이와 더불어 남은시간의 값을 실시간으로 led 해독기 2번째 led의 녹색 led 값에 전달하여 표시해 줍니다.

- 남은시간이 0으로 되었는지 체크합니다. 제한시간이 다 지나갔으므로 파이어볼 스프라이트에 있는 다른 스크립트를 중지하고 led 해독기에 표시해 주었던 2번째 led의 녹색 led값을 0으로 만들어 준 다음 이 스크립트를 중지합니다.

[파이어볼적용]을 받았을 때

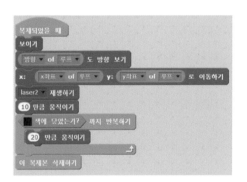

- 남은시간이 1보다 작아질 때까지 스페이스키를 누르면 파이어볼을 발사할 수 있도록 프로그래밍합니다.
- 스페이스키를 누를 때 0.1초 간격으로 파이어볼을 복제하여 발사합니다.

복제되었을 때

- 파이어볼이 발사되는 알고리즘입니다.

- 우선 복제된 파이어볼을 보여줍니다.
- 물론 루프가 보는 방향으로 발사해야 하기 때문에 다음과 같이 정합니다.
- 관찰블록에서 스프라이트의 세부항목에 대한 값을 가져올 수 있습니다.

- 복제된 파이어볼 스프라이트를 루프의 x,y좌표로 이동시킵니다.

- laser2 사운드를 재생하고 루프가 보고 있는 방향으로 10만큼 움직입니다. 즉, 파이어볼이 발사되는 것입니다.
- 미로의 벽에 닿을때까지 발사된 파이어볼은 이동합니다. 물론 더 빠르게 이동합니다. 미로의 벽에 닿게되면 복제된 파이어볼 스프라이트는 삭제됩니다.

◆이프

깃발 클릭

- 이프는 미로의 마지막 출구에 위치시킵니다.
- 루프와 닿을 때까지 무한반복하게 되고, 루프에 닿았으면 게임을 종료시키는 '이프만남'을 방송하게 됩니다.

{이프파이어볼외쳐}를 받았을 경우

- 루프가 획득한 아이템에서 파이어볼 아이템이 나왔을 경우, 루프에게 안내할 수 있는 프로그래밍입니다.

◆Heart Candy

깃발 클릭

- 게임이 성공적으로 끝났을 때 보여질 이 스프라이트는 깃발을 클릭했을 경우는 숨깁니다.

[이프만남]을 받았을 때

- 게임을 성공적으로 수행했다는 것을 표현하기 위한 간단한 효과를 나타내주고, led 해독기에 표시된 led 불빛을 끕니다.

◆게임실행화면

게임시작

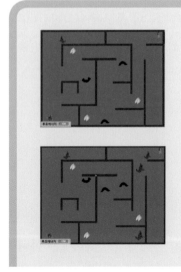

- 고울 한마리는 기본으로 조도센서를 적용하지 않고 남겨두었습니다.

- 어두운 곳에서 게임을 하면 다음과 같이 숨겨진 고울들이 나타납니다.

• 고울이나 박쥐에 부딪힐 때마다 led 해독기의 빨간색 불빛은 약해집니다.

[이프를 구하지 못했을 때]

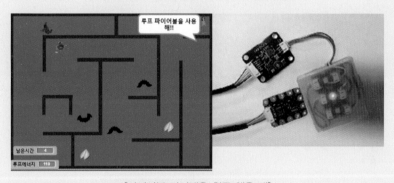

[파이어볼 아이템을 획득 했을 때]

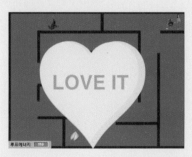

[이프를 구했을 때]

미션 1   온도, 조도, 습도센서를 활용하여 새로운 아이템을 추가하여 만들어 봅시다.

미션 2   터치 블록, led 블록, 센서 블록과 결합하여 보다 재미있는 게임을 만들어 보세요.

미션 3   led 해독기를 개선할 수 있는 방법을 생각해 보세요.

미션 1   온도, 조도, 습도센서를 활용하여 새로운 아이템을 추가하여 만들어 봅시다.

● Programming Block

◆스프라이트: 고울에 조도센서를 적용

◆스프라이트: 박쥐4에 습도센서 적용

자세한 내용은 초코파이보드 홈페이지에서 확인하세요.

● **Additional Mission!!!** (새로운 생각을 적어보세요)

미션 2   터치 블록, led 블록, 센서 블록과 결합하여 보다 재미있는 게임을 만들어 보세요.

● **Programming Block**

◆스프라이트: 루프에 조이스틱을 적용했을 경우 예시

자세한 내용은 초코파이보드 홈페이지에서 확인하세요.

● **Additional Mission!!!** (새로운 생각을 적어보세요)

3.3 사라진 다크버그

● **Programming Story**

🎩 "이럴수가..이렇게 무너질 수 없지.. 새벽이 밝아오고 있어. 고울 빨리 어두운 곳으로 떠날 준비를 해라. 빈 일당들이 몰려오기전에"

🧑 "네. 알겠습니다. 그런데 이동할 방법이 마땅하지 않습니다."

🎩 "으이구 속터져⋯ 여기 불쾌지수가 낮아지기 전에 빨리 다른 소스를 업로드해서 그 곳으로 숨어들자..성이 점점 쾌적해지고 있어⋯구름이 걷히고 새벽이 오고 있단 말이다.빨리빨리 소스를 변형시켜서 업로드해라. 철없는 엘스도 빨리 대피시켜"

🧑 "네 알겠습니다. 분부대로 행하겠습니다."

빈, 펑크와 루프가 도착하여 본 다크버그가 다니던 복도는 아직도 복도에 축축한 기운이 남아있었습니다.

🧑 "무지하게 빨리 도망갔군. 조금만 빨랐어도 잡을 수 있었을텐데 말이야.. 그래도 아직 소스속에 있을지 모르니 좀 더 찾아보자"

3.3.1 불쾌지수 구하기

● **Design**

온도와 습도를 활용하여 간단한 불쾌지수를 계산하는 것을 만들어 봅시다.

불쾌지수를 계산하는 공식은 구글 검색을 통해 정보를 수집합니다.

스페이스 키를 누르면 루프가 초코파이보드에 연결된 센서블록의 온도, 습도 센서를 활용하여 불쾌지수를 구합니다.

불쾌지수를 구하는 과정을 표현하기 위해서 led 해독기에 연결되어 있는 3개의 led를 빛나게 합니다.

Led 해독과정이 끝나고 나면 루프가 구한 불쾌지수를 얘기해 줍니다.

◆불쾌지수 구하기

0.72(건구온도+습구온도) + 40.6(기상청 홈페이지 참고)

불쾌지수	구분	내용
80이상	매우 높음	모두 불쾌감을 느낍니다.
75~80	높음	50%정도 불쾌감을 느낍니다.
68~75	보통	불쾌감을 느끼기 시작합니다.
68미만	낮음	모두 쾌적함을 느낍니다.

● **Flowchart**(여러분이 생각한 것을 적어 보세요.)

● **Programming** **불쾌지수 구하기-완성.sbx**

◆배경

어두컴컴한 다크버그 성에서 다크버그를 찾아내
려고 합니다. 배경을 Castle4로 설정합니다.

◆변수 설정

초코파이보드에서 가져와서 저장할 온도, 습도 변
수와 불쾌지수를 계산할 불쾌지수 변수를 만듭니
다.

◆루프

스프라이트에서 robot1을 선택하여 가져옵니다.

스페이스 키를 눌렀을 때

전체적인 블록 프로그래밍은 다음과 같습니다.

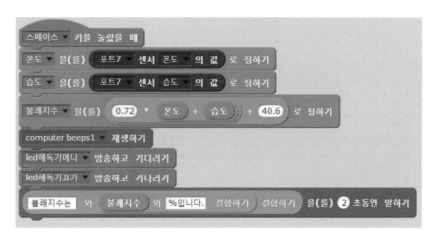

- 스페이스 키를 누르면 초코파이보드의 포트7번에 연결한 온도와 습도 센서의 값을 가져와서 각각 온도변수, 습도변수에 저장합니다.

- 다음으로 불쾌지수를 계산하는 연산블록을 만들어주고 불쾌지수 변수에 저장합니다.

- 계산하는 효과음을 재생하기 위해서 computer beeps1 사운드를 가져온 다음 재생할 수 있도록 블록을 추가합니다.

- led 해독기의 에니메이션 효과를 주기위해 'led해독기에니' 방송하고 기다리기와 'led해독기끄기' 방송하고 기다리기 블록을 추가합니다.

• 불쾌지수를 계산한 결과값을 루프를 통해 다음과 같이 말해 줍니다.

led해독기에니를 받았을 때

- led블록과 연결되어 있는 1,2,3번 led를 1~100까지 난수를 발생시켜 빛을 내게 합니다. 이과정을 50회 반복합니다.

- 루프 스프라이트도 계산하고 있다는 과정을 보여주기 위해서 색깔을 5만큼 50회 반복하여 바꿔줍니다.

led해독기끄기를 받았을 때

- 루프에 적용된 그래프 효과를 지웁니다
- led해독기에 연결된 led 1,2,3번에 들어온 빛을 꺼 줍니다.

미션 1   불쾌지수의 양에 따라서 루프의 에니메이션, led 해독기를 다르게 표시할 수
있는 방법을 찾아보고 만들어 보세요.

미션 2   불쾌지수의 양에 따라서 led 해독기를 통한 다양한 조명 색깔을 연출해 보세요.

미션 1   불쾌지수의 양에 따라서 루프의 에니메이션, led 해독기를 다르게 표시할 수 있는 방법을 찾아보고 만들어 보세요.

● Programming Block

◆스프라이트: 루프

자세한 내용은 초코파이보드 홈페이지에서 확인하세요.

● **Additional Mission!!!** (새로운 생각을 적어보세요)

CHAPTER 04

행복한 날들

4.1 즐거운 음악소리

4.1.1 이프를 웃겨라

● **Programming Story**

힘들었던 다크버그의 성에서 이프를 만나 다시금 집으로 되돌아 온 빈은 자신을 기다리던 할아버지를 보게 되었습니다.

"빈, 드디어 해냈구나. 얼마나 걱정했는지 모른다. 이프도 무사해서 다행이다"

"네, 할아버지. 여러가지 어려움도 있었지만 거기서 만난 펑크의 도움과 루프와 함께 어려웠던 다크버그성에서 미로를 잘 찾아 마침내 이프를 구해낼 수 있었어요."

"그래도, 내가 루프에게 파이어볼을 쏘라고 해서 그나마 빨리 끝낼 수 있었어..그치?"

"그래, 네가 아니었다면 하마터면 고울에게 다 잡혀서 큰일날뻔 했었지…루프, 그렇지 않니?"

루프도 기쁜듯이 다양하게 색깔을 변해가며 기쁨을 표현하고 있었습니다.

"배고파요! 할아버지. 우리 맛있는거 해 먹어요!"

"빈.그래 고맙다는 의미로 내가 떡볶이 해 줄께~~"

"그…그래.."

"오~~~ 그거 맛있겠다. 나 떡볶이 정말 좋아하는데!!!"

빈은 엄마가 예전해 해 주시던 떡볶이 생각이 나서 잠시 주춤하였습니다.

이프는 그것을 아는지 모르는지 빈의 허리를 꼬집으며

"야~ 빈!!! 내가 떡볶이 해준다니까 왜? 먹기 싫어? 응?"

"응? 아니…정말 기대되고 맛있겠는걸…네가 떡볶이 만드는 동안 나는 펑크와 내 방에서 잠시 뭔가를 좀 해야 할 것이 있어"

"너는 왜 항상 내가 요리한다고 하면 슬금슬금 빠지는거니? 어휴…아무튼. 다 만들고 나면 주방에서 부를 테니까 바로 뛰어와!"

"넵. 알겠습니다. 주방장 마님~~"

"뭐…뭐라구~~~"

할아버지는 이프가 당장이라도 빈을 잡으러 갈려는 태세에 놀라 이프의 옷을 잡고서 말했습니다.

"이프, 자 같이 주방에서 요리할까? 이 할애비가 도와주마.."

사실, 빈은 집으로 돌아오면서 이프에게 승리의 노래를 불러주고 싶었습니다.

루프의 led 해독기로 만들고 몇가지 아이템을 더해서 정말 근사하게 말입니다.

● Design

이프를 위해 음악을 연주해 주기 위해서 터치센서와 led해독기를 연결한 연주기를 만듭니다.

'도(C) 레(D) 미(E) 파(F) 솔(G) 라(A) 시(B)'로 구성되어진 피아노를 만들고

터치건반으로 구성한 터치버튼을 탭하면 해당 계이름이 연주됩니다.

각각의 건반을 터치할 때마다 led 해독기에서 아름다운 불빛이 나타나게 합니다.

● Flowchart

프로그래밍 스토리를 읽고 여러분이 원하는 대로 Flowchart를 구성해 보세요.

◆초코파이보드 구성

악어클립 등을 활용한 터치블록 연결방법

● 터치건반은 다음과 같이 전도성 테이프 등으로 붙여서 만듭니다. 물론 터치센서에 손으로 터치해도 아무 상관없습니다.

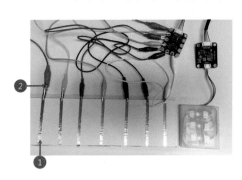

❶ 전기가 통하는 전도성 테이프 또는 알루 미늄 호일 등을 사용합니다.

❷ 악어클립

– 전도성테이프, 악어클립을 터치블록에 연결하였을 경우에는 초코파이보드가 센서의 값을 재인식하기 위해서 연결했 던 잭을 빼냈다가 다시 끼워줍니다.

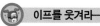

◆무대

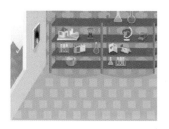

저장소에서room2 배경을 선택하여 가져옵니다.

◆스프라이트 구성

- Piano-Electric 스프라이트를 불러와서 적당한 위치에 배치합니다.

- C, D, E, F, G, A, B 텍스트 스프라이트는 스프라이트에서 새 스프라이트 색칠 🖋을 클릭하여 직접 텍스트를 입력하여 만들어 줍니다(C 스프라이트 만들기의 예시).

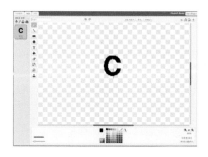

- 만든 스프라이트들은 피아노건반 스프라이트 아래에 가져다 놓습니다.

◆변수

이프의 모양을 변경해 줄 변수를 하나 만들어 줍니다.

◆이프

이프 스프라이트를 구성하기 위해서 alex 스프라이트를 가져온 다음 이프로 변경하여 설정합니다.

스프라이트 모양 구성

● 이프는 모양이 총 4가지 모양입니다.

Alex-a   Alex-b   Alex-c   Alex-d

터치센서와 연결

● 만들어 둔 터치건반과 연결하기 위해서 다음과 같이 총 7개의 터치센서와 연결합니다.

– 계이름 C(도) 연주를 위해 터치센서 1번을 터치하였을 때 블록 프로그래밍입니다.

● 추가블록에서 터치센서를 연결한 포트(예: 포트 1)에 연결되니 터치센서 1번을 만질 때(눌러졌을 때)를 의미하는 블록을 가져다 놓습니다.

● 1번 건반이 터치되면 이프의 모양을 1번부터 3번사이의 난수를 통해 변경하는 블록을 호출합니다.

- 계이름 C(도)를 연주하기 위한 c 방송하기를 만들고 연결합니다. 'c방송하기는 C 계이름 스프라이트'에 연결되어 진행됩니다.

- 계이름이 연주되는 동안 led 해독기의 led를 활용하여 빛을 내게하기 위해서 'led 해독기'를 방송합니다.

▶ 터치센서 1번이 떨어졌을 때 이프는 음악이 없어 우울하게 되므로 이프의 모양을 4로 바꾸는 추가블록을 호출하고는 LED 끔 방송하고 기다리기 블록을 가져와서 led가 꺼질때까지 기다리게 됩니다.

- 위의 과정은 나머지 6개의 터치건반에 동일하게 적용되는 것이며 적용한 내용은 다음과 같습니다.

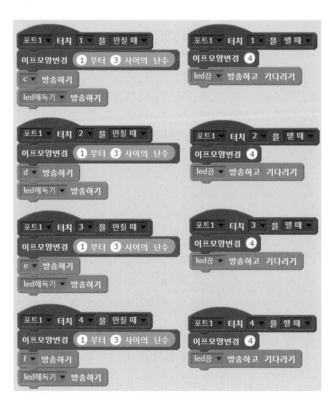

```
포트1 ▼  터치  5 ▼  을 만질 때 ▼          포트1 ▼  터치  5 ▼  을 뗄 때 ▼
이프모양변경  ① 부터 ③ 사이의 난수       이프모양변경  ④
g ▼  방송하기                             led끔 ▼  방송하고 기다리기
led해독기 ▼  방송하기

포트1 ▼  터치  6 ▼  을 만질 때 ▼          포트1 ▼  터치  6 ▼  을 뗄 때 ▼
이프모양변경  ① 부터 ③ 사이의 난수       이프모양변경  ④
a ▼  방송하기                             led끔 ▼  방송하고 기다리기
led해독기 ▼  방송하기

포트1 ▼  터치  7 ▼  을 만질 때 ▼          포트1 ▼  터치  7 ▼  을 뗄 때 ▼
이프모양변경  ① 부터 ③ 사이의 난수       이프모양변경  ④
b ▼  방송하기                             led끔 ▼  방송하고 기다리기
led해독기 ▼  방송하기
```

이프모양 변경

```
정의하기  이프모양변경  이프모양번호

만약 < 이프모양번호  =  1 > 라면
    모양을  alex-a ▼  (으)로 바꾸기

만약 < 이프모양번호  =  2 > 라면
    모양을  alex-b ▼  (으)로 바꾸기

만약 < 이프모양번호  =  3 > 라면
    모양을  alex-c ▼  (으)로 바꾸기

만약 < 이프모양번호  =  4 > 라면
    모양을  alex-d ▼  (으)로 바꾸기
```

● 예를 들어 앞서 터치건반에서 호출하게 되는 추가블록이 4번이라면  모양을 alex-d 형태로 바꾸는 블록 프로그래밍입니다.

led해독기를 받았을 때

- 이전과 마찬가지로 led해독기는 포트 4번에 연결되어 있는 led 순서대로 각각 빨강, 녹색, 파랑의 값에 1~100까지의 난수를 집어넣어 총 3번 빛나게 만들었습니다.

led끔을 받았을 때

- 포트4에 연결되어 있는 led들을 모두 꺼 줍니다.

[게이름 스프라이트 C, D, E, F, G, A, B]

깃발을 클릭했을 때

- 특정한 위치로 이동하고 크기를 100%로 정합니다.

- 터치건반을 통해 1번 터치센서가 클릭되었을 때의 메시지 방송을 받았을 때입니다. 터치가 되었다는 것을 표현하기 위해서 크기를 점점 커지는 효과를 적용합니다. 다음으로 C elec piano 사운드를 가져와서 C음을 연주합니다.

D, E, F, G, A, B의 경우도 C를 받았을 때와 동일한 방법으로 프로그래밍을 합니다.

2번 터치(계이름 레)　　　3번 터치(계이름 미)　　　4번 터치(계이름 파)

5번 터치(계이름 솔)　　　6번 터치(계이름 라)　　　7번 터치(계이름 시)

◆프로그램 실행화면

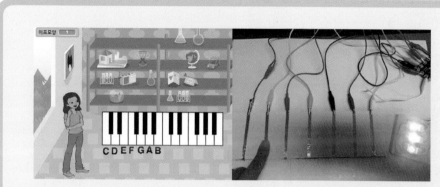

건반을 터치하게 되면 이프의 모양이 즐겁게 바뀌고 LED 해독기에서 빛이
아름답게 나옵니다.

4.1.2 비트반주

앞의 소스에서 다음과 같이 추가블록을 보완해 반주도 연주되도록 만들어 해 봅시다.

배경과 같이 Speaker 스프라이트를 추가합니다.

◆Speaker 스프라이트

소리 추가

• Speaker 스프라이트를 선택하면 기본적으로 7가지의 사운드가 저장되어 있는 것을
소리탭을 클릭하면 다음과 같이 알 수 있습니다.

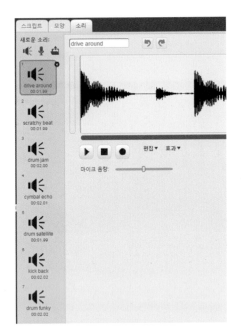

이 스프라이트를 클릭했을 때

- Speaker 스프라이트를 클릭했을 때 7가지 배경음악 중에서 하나를 연주하기 위해 다음과 같이 프로그래밍 합니다.

연주되고 있는 소리를 끄고 '비트타입 추가 블록을 만들어 1~7사이의 난수와 함께 설정합니다.'

비트타입 추가블록

- 비트타입에 입력된 번호에 따라 7가지 음악을 재생하도록 합니다.

4.1.3 패턴 퀴즈와 연주기

빈, 펑크와 루프가 다크버그 성의 문을 열기 위해서 추가블록 tv모니터를 통해 해석해낸 숫자코드 패턴을 기억하실 겁니다. 이것을 연주프로그램과 결합하여 다음과 같이 퀴즈도 맞추고 연주도 하는 프로그램으로 변경해 봅시다.

● **Design**

빈은 즐겁게 음악을 연주해 주고 있습니다. 배경도 조금 색다르게 다른 것으로 변경합니다.

이프는 빈이 연주해 주는 음악을 들으면서 루프가 만들어 낸 led해독기에 표시된 패턴을 읽고서 숫자를 맞추는 게임입니다.

스피커의 반주는 때에따라 거슬릴 수 있으므로 'x' 스프라이트를 클릭하면 소리가 중지되도록 프로그래밍 합니다.

● Flowchart

디자인된 내용을 읽고 여러분이 원하는 대로 Flowchart를 구성해 보세요.

● Programming

◆무대 배경

● 무대배경으로 dolly를 선택해서 가져옵니다.

◆변수

패턴항목을 가져올 led패턴, 이프모양, 이프에게 낼 패턴 종류를 저장할 패턴문제 변수를 만듭니다.

◆스프라이트 추가

루프 스프라이트

● Robot1 스프라이트를 가져와서 루프로 이름을 수정합니다.

{Button5} 스프라이트

● 스피커 위에 x를 표시해주기 위해서 Button5 스프라이트를 가져옵니다.

◆루프

깃발 클릭

● 루프를 왼쪽으로 보고 있게 하기 위해서 회전방식을 왼쪽-오른쪽을 정하고, 90도 방향보기를 추가합니다.

● 완성된 블록 프로그래밍입니다.

```
스페이스 ▼ 키를 눌렀을 때
패턴문제 ▼ 을(를) ❶ 부터 ❽ 사이의 난수 로 정하기
루프패턴고르기 ▼ 방송하기
led해독기 ▼ 방송하고 기다리기
패턴led표시 패턴문제
led해독기에 나타난 숫자는 무엇인가요? 묻고 기다리기
만약 대답 = 패턴문제 ─ ❶ 라면
    와우 역시 이프님!! 을(를) ❶ 초동안 말하기
    clapping ▼ 재생하기
    led해독기 ▼ 방송하고 기다리기
    다시 하시려면 언제든 스페이스키 클릭! 을(를) 0.5 초동안 말하기
    led끔 ▼ 방송하기
아니면
    오우~~노!! 을(를) ❶ 초동안 말하기
    scream-female ▼ 재생하기
    다시 하시려면 언제든 스페이스키 클릭! 을(를) 0.5 초동안 말하기
```

● 패턴문제 변수에 1~8까지의 난수를 정합
니다.

– 추후, 난수의 범위를 0~7이 아닌 1~8로
설정한 이유는 프로그램을 개선할 경우
패턴리스트 변수에서 자동으로 추출하
기 위해서 필요합니다.

● '루프패턴고르기'를 방송하여 루프의 색
깔이 변하면서 패턴을 고르고 있다는 것
을 나타내 줍니다.

- 해당 블록은 다음과 같이 구성합니다.
- 'led해독기'를 통해서 마찬가지로 다양한 led효과를 통해 패턴을 선정하고 있음을 표시해 줍니다.

- 해당 블록은 다음과 같이 구성합니다.
- '패턴led표시' 추가블록에서는 입력된 패턴숫자값에 맞는 패턴을 직접 led에 표시해 줍니다. 물론 리스트블록을 사용하면 보다 쉽게 해결할 수 있습니다.

 아래에는 다음의 블록을 추가로 결합합니다.

- 패턴숫자 1

- 패턴숫자 2

- 패턴숫자 3

● 패턴숫자 4

● 패턴숫자 5

● 패턴숫자 6

● 패턴숫자 7

● 패턴숫자 8

● 다음으로 led 해독기에 표시된 패턴을 보고 이프가 정답을 적을 수 있도록 프로그래밍합니다.

이프가 적은 대답은 패턴문제에 저장되어 있는 숫자에서 1을 뺀 수와 비교해야 합니다. 정답이면 박수를 치고 퀴즈 입력에 대한 안내를 하고 틀리면 효과음을 주고 퀴즈 참여 방법을 안내합니다.

Button5 스프라이트

● 재생되는 소리를 끄기 위해서 이 스프라이트를 클릭하면 배경반주끔을 방송합니다.

◆Speaker 스프라이트

배경반주끔을 받았을 때

● 스프라이트에 있는 다른 스크립트 멈추기 블록을 추가합니다.

◆실행화면

● 건반을 터치할 경우 이프의 모양이 바뀌고 터치한 사운드와 함께 아름다운 LED가 빛을 냅니다.

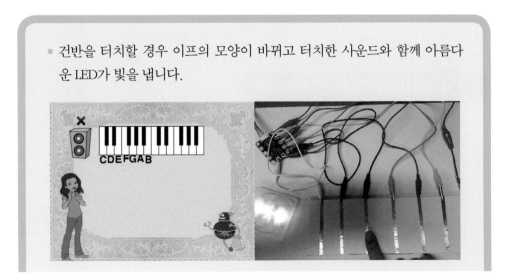

- 스페이스키를 누르면 led 해독기에 패턴이 표시되고 루프를 통해 대답을 입력할 수 있습니다.

- 정답을 입력하면 나타나는 화면입니다.

4.1.4 날씨에 따라 변하는 방

불쾌지수에 따라 방의 배경도 같이 바꾸는 프로그램을 만들어 봅시다.

● **Design**

빈이 만든 연주기가 마음에 든 이프는 한 번씩 빈의 방에 올때마다 연주를 해 보고는 했습니다.

그런데, 음악의 감성은 때로는 달라서 그날의 날씨에 따라 다른 방에서 해 보고 싶은 생각이 들었습니다.

물론 빈에게 만들어 달라고 말한 것은 당연한 것이겠지요.

불쾌지수에 따라서 색다른 방에서 연주할 수 있도록 프로그래밍 해 봅시다.

● **Flowchart**

디자인 내용을 읽고 여러분이 원하는 대로 Flowchart를 구성해 보세요.

● **Programming**  날씨에 따라 변하는 방–완성.sbx

● 무대 배경에서 배경 그림 4개를 가지고 옵니다. Room2, boardwalk, party room, kitchen 배경을 가지고 오도로 합니다.

● 앞서 배운 불쾌지수 구하기 공식을 사용하여 다음과 같이 구성하도록 합니다.

◆ **불쾌지수 구하기**

$0.72($건구온도 $+$ 습구온도$) + 40.6($기상청 홈페이지 참고$)$

불쾌지수	구분	내용	무대 배경 설정
80이상	매우 높음	모두 불쾌감을 느낍니다.	Kitchen
75~80	높음	50%정도 불쾌감을 느낍니다.	Boardwalk
68~75	보통	불쾌감을 느끼기 시작합니다.	Room2
68미만	낮음	모두 쾌적함을 느낍니다.	Party room

● 블록 프로그래밍은 다음과 같습니다.

무한 반복하기
  불쾌지수 ▼ 을(를) (0.72 * 포트7 ▼ 센서 온도 ▼ 의 값 + 포트7 ▼ 센서 습도 ▼ 의 값 + 40.6) 로 정하기
  만약 불쾌지수 > 80 라면
    배경을 kitchen ▼ (으)로 바꾸기
  만약 불쾌지수 > 75 그리고 불쾌지수 < 80 라면
    배경을 boardwalk ▼ (으)로 바꾸기
  만약 불쾌지수 > 68 그리고 불쾌지수 < 75 라면
    배경을 room2 ▼ (으)로 바꾸기
  만약 불쾌지수 < 68 라면
    배경을 party room ▼ (으)로 바꾸기

CHAPTER 05

펑크의 실험실

5.1 펑크의 실험실

● **Programming Story**

초코파이 확장팩에 포함되어 있는 블록들과 다양한 부가장치들을 활용하면 다음과 같은 재미있는 장치들을 만들고 프로그래밍해 볼 수 있습니다.

[초코파이보드 홈페이지 제공화면]

5.1.1 펑크의 스페이스쉽

우리는 펑크라는 캐릭터를 알고 있을 겁니다. 약간 괴짜이기도 하지만 무엇인가 진실
을 숨기고 있는 미스터리한 인물입니다. 그런 펑크가 정말 펑크(Func)하게 스페이스쉽
을 제작하였다고 합니다.

펑크의 스페이스쉽 한 번 타고 올라가 볼까요?

◆게임 화면

● 초코파이보드 구성

◆스위치블록 구성화면

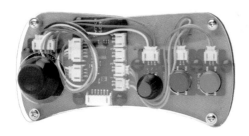

초코파이에 스위치 블록을 다음과 같이 구성하여 줍니다.

● Flowchart

게임화면을 보고 여러분이 원하는 대로 Flowchart를 구성해 보세요.

● **Programming**

◆무대

- 하늘위를 날라가는 모습을 연출하기 위해서 blue sky3을 가져옵니다.

◆스프라이트 구성

Spaceship, Cloud, Ghoul 스프라이트를 가져오고, 파이어볼은 새 스프라이트 색칠을 통해서 만들어 줍니다.

◆Spaceship 스프라이트

스페이스 키를 눌렀을 때

- 게임을 시작하기 위해서 spaceship 스프라이트를 보여주고, 관련된 그래픽 효과를 지워줍니다.
- 스페이스쉽갯수 변수를 만듭니다.
- 스페이스쉽갯수 변수의 값을 5로 설정합니다.

- 다음의 사항들을 무한으로 반복합니다.

- 조이스틱x, 조이스틱y 변수를 만들어 줍니다.
- 초코파이보드의 포트 8에 연결된 조이스틱x,y값을 조이스틱x, 조이스틱y값으로 설정합니다.
- spaceship 스프라이트의 x,y위치를 다음의 값으로 조정합니다. 숫자 상수들은 화면에서 임으로 조정하는 값입니다.

- 고울에 닿았을 경우 처리해야 할 부분을 무한반복하기 블록에 추가합니다.
- 게임을 시작하기 위해서 spaceship 스프라이트를 보여주고, 관련된 그래픽 효과를 지워줍니다.
- 스페이스쉽갯수 변수를 만듭니다.
- 스페이스쉽갯수 변수의 값을 5로 설정합니다.

- 고울에 닿았을 경우 우주선명중을 방송하여 고울에게 알려줍니다.
- spaceship으로서는 고울에 닿은 것은 스페이스쉽갯수를 하나 감소시켜야 합니다.
- 만약 스페이스쉽갯수가 1보다 작을 경우는 게임을 종료하고 고울들은 여전히 활개치고 다니게 그냥 둡니다.

◆Cloud 스프라이트

구름들이 오른쪽에서 왼쪽으로 지나가면서 마치 하늘을 나르는 효과를 표현할 수 있습니다.

클릭했을 때

- 1~3초간의 간격을 두고 '나 자신'을 복제하여 구름을 등장시킵니다.

Youthbe에서 'scratch sprite scrolling'으로 검색해 보면 다양한 움직임 소스들을 찾아볼 수 있습니다.

복제되었을 때

- 우선 구름 스프라이트를 보여줍니다.
- 구름의 크기도 다양하기 때문에 20~50사이의 난수를 활용하여 크기를 정해줍니다.

- 구름 y 변수를 만들어 구름 스프라이트의 y위치값을 저장할 수 있도록 합니다.

- 구름 y 변수에 −180~180 사이의 난수를 발생시켜서 저장합니다.

- 화면에서 맨 오른쪽의 구름 y값으로 이동시킵니다.

- 그리고 5초동안(이 시간을 작게하면 구름이 더 빨리 움직입니다) 구름을 왼쪽 끝(x: −240)으로 이동시킵니다. 물론 구름y 값은 그대로 둡니다. 만약 y값이 달라지면 대각선으로 이동하는 효과가 생깁니다. 그러면 스페이스의 방향 각도도 같이 정해주면 더 고급진 프로그램이 될 것입니다.

- 복제된 구름은 자기의 소명을 다했으므로 복제복은 삭제해 줍니다.

- 복제되었을 때 완성된 프로그램 블록입니다.

※ 보다 자세한 자료는 스크래치위키(https://wiki.scratch.mit.edu/wiki/ Scratch_wiki_Home)에서 'Scrolling'으로 검색해 보시면 됩니다.

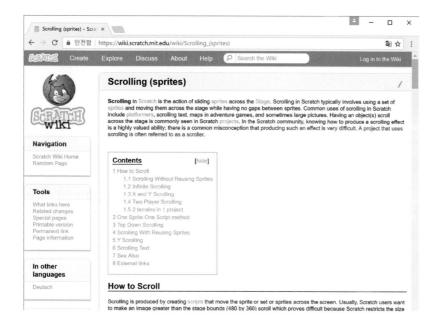

◆파이어볼

스위치 블록의 1번 버튼을 눌렀을 때

- 초코파이보드에 연결된 스위치 버튼1을 눌렀을 때 파이어볼이 발사되어야 합니다.

추가블록에서 초코파이보드의 스위치를 눌렀을 때 블록을 가져다 놓습니다.

- 일단 파이어볼 스프라이트는 Spaceship x,y 위치로 이동합니다.

- 그리고 발사되는 순간을 나타내기 위해 10만큼 움직입니다.

- laser2 사운드를 가져와서 효과음을 냅니다.

- 발사되고 나면 '나 자신'복제하기를 하여 계속해서 날라갈 수 있도록 합니다.

복제되었을 때

- 일단 보여주고, 파이어볼이 벽에 닿았는가까지 20만큼의 속도로 진행합니다. 벽에 닿았다면 파이어볼은 삭제됩니다.

고울명중을 받았을 때

- 고울 스프라이트에서 파이어볼과 닿았는가를 체크하여 닿았을 경우 '고울명중'을 방송하게 됩니다. '고울명중' 메시지가 오면 다음과 같이 복제본을 삭제합니다. 점수를 올리는 부분은 고울스프라이트에서 처리하게 됩니다.

◆고울 스프라이트

기초적인 개념은 구름들이 나타나는 것과 비슷합니다. 다만 고울 스프라이트에 파이어볼이 닿았는지 또는 spaceship과 닿았는지 부분에 대해서 처리하는 내용이 있습니다.

깃발 클릭

- 1~3사이의 난수를 발생시켜 나 자신을 복제합니다.

복제되었을 때

● 고울 스프라이트를 보여주고 크기를 20~5%사이로 정합니다. 고울 y 변수를 만들어 화면의 맨 오른쪽(x좌표값은 240)에서 −180~180 사이의 값으로 설정된 y좌표로 이동합니다.

● 고울을 이동시키기 위해서 고울의 x좌표가 −240보다 작을 때까지 다음의 사항을 수행합니다.

● 고울의 x좌표를 −5만큼 이동시킵니다. 즉, 고울의 움직이는 속도가 됩니다.

● 만약 파이어볼에 닿을 경우에는 '고울명중'을 방송합니다. 물론 점수를 획득하고 바로 복제본을 삭제합니다.

● 고울이 화면의 왼쪽 끝으로 갈 경우에도 이 복제본을 삭제합니다.

우주선 명중을 받았을 때

● spaceship 스프라이트에서 고울과 닿을 경우 '우주선 명중'이라고 방송하게 됩니다.

이때 고울도 같이 사라지고 이 복제본도 삭제하게 됩니다.

● 한 단계 더 나아가기 – 포텐시오미터를 활용하여 속도를 높이자

포텐시오미터를 활용하여 구름의 속도를 높여 줄 수 있습니다.

🎮 펑크의 스페이스 쉽 – 포텐시오미터–완성.sbx

◆ [spaceship] 스프라이트

● 포텐시오미터 변수를 만들고 포트8에 연결된 포텐시오미터의 값을 입력해 줍니다.

> 포텐시오미터 ▼ 을(를) 포트8 ▼ 스위치 포텐시오미터 ▼ 의 값 로 정하기

{스페이스 키를 눌렀을 때} 수정된 블록 프로그래밍입니다.

◆[구름: cloud] 스프라이트

• 구름의 이동시 포텐시오미터 값을 응용하여 속도에 적용합니다.

{복제되었을 때} 수정된 블록 프로그래밍입니다.

[고울] x좌표 바꾸기를 적용하면 이동속도로 변경할 수 있습니다.

5.1.2 야외놀이시계

● Programming Story

루프와 빈은 오랜만에 야외에 나왔습니다. 이프를 14:00시에 만나기로 하고서 잠깐의 산책을 나왔는데 '아차!' 시계를 가지고 오지 않았네요. 물론 루프에게 바로 시간을 물어볼 수도 있지만 직접 만들어 보기로 하였습니다. 또한 온도에 따라 모터의 속도도 제어할 수 있는 것도 추가로 만들기로 하였습니다.

● Design

시계의 시침, 분침을 가지고 현재의 시간을 표시해 봅시다.

루프를 통해 측정한 온도가 23도 이하이면 온도를 올릴 수 있는 전동모터를 작동시킬 수 있도록 만들어 보세요.

[야외놀이 시계 완성화면]

◆프로그램 실행화면

살펴보기

초코파이보드에서는 움직임을 제어하기 위해서 다음과 같이 DC모터블록과 서보모터
블록을 제공합니다.

◆DC모터블록

[DC모터블록]

DC모터블록은 2개의 DC모터 단자를 연결하여 사용할 수 있습니다(자세한 내용은
1장을 참고하세요).

추가블록의 DC모터제어 블록의 사용방법은 다음과 같습니다.

❶ 초코파이보드에 연결된 포트의 번호를 선택합니다.

❷ DC모터블록에 연결되어 있는 DC모터번호(2개까지 가능)를 선택합니다.

❸ DC모터의 회전속도는 −100~100까지 설정할 수 있습니다.

❹ 회전방향을 시계방향, 반시계방향으로 설정할 수 있습니다.

※ 모터의 경우 많은 전류를 소모하게 되므로 외부전원 연결이 필요합니다.

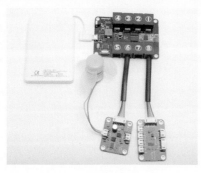

[외부전원과 연결한 예]

◆서보모터블록

[서보모터 블록]

[서보모터 연결 예시]

서보모터블록은 4개의 서보모터를 연결할 수 있는 단자를 제공하고 있습니다.

추가블록의 서보모터제어 블록에서 다음과 같이 설정할 수 있습니다.

❶ 초코파이보드에 연결된 포트의 번호를 선택합니다.

❷ 서보모터블록에 연결되어 있는 서보모터번호(4개까지 가능)를 선택합니다.

❸ 서보모터의 각도는 0~200도까지 설정할 수 있습니다.

● Flowchart

디자인 내용을 읽고 여러분이 원하는 대로 Flowchart를 구성해 보세요.

● **Programming** 불쾌지수 구하기-완성.sbx

◆무대

Boardwalk 로 선택합니다.

◆스프라이트

루프

Robot1을 가져옵니다.

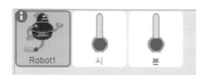

- {시침},{분침} : 파워포인트에서 도형그리기를 통해서 시침, 분침을 그려주고 png 형식의 파일로 저장한다음 스크래치에서 불러옵니다.

◆변수

- 현재 시, 분을 저장할 수 있는 시침, 분침변수를 만들어 줍니다.
- 시침각도와 분침각도를 변환하여 저장할 시침각도변수, 분침각도 변수를 만들어 줍니다.

◆루프

다음은 완성된 블록 프로그래밍입니다.

- 시간의 변화를 무한으로 표시하여 주기 위해서 무한반복하기 블록을 가져다 놓습니다.
- 루프가 현재의 온도를 표시할 수 있도록 연산블록을 활용하여 다음과 같이 블록을 만들어 추가합니다.

- 포트4에 연결되어 있는 센서블록의 온도 값을 측정하여 23도 이하라면 포트2에 있는 DC모터를 20의 속도로 시계방향으로 회전시킵니다. 만약 23도 이상이라면 모터의 속도는 0으로 정지합니다.

- 시침, 분침변수값을 현재의 시, 분의 값
으로 정해 줍니다. 현재의 시, 분은 관찰
블록의 현재 시 ▼ 현재 분 ▼ 을 참고합니다.

- 입력되어 있는 시침변수, 분침변수의 값을 참고하여 다음과 같이 현재의 시간을 각
도, 분침각도로 변환하여 설정합니다.

※ 90을 더한 이유는 시, 분 스프라이트의 방향보기 값과 관련된 상수값입니다.

◆[시] 스프라이트

- 깃발을 클릭했을 때 시침각도변수에 설정되어
있는 방향을 보게 됩니다.

스프라이트의 회전시 기준이 되는 좌표 변경하는 방법

스프라이트를 선택하고 모양 탭에서 화면의 오른쪽에 있는 █ ◫ █ ╋ 아이콘 중에서 ╋ 모양중심설정하기 아이콘을 선택하여 회전하려고 하는 중심점 좌표를 마우스로 클릭하면 설정된 좌표를 기준으로 스프라이트가 회전하게 됩니다.

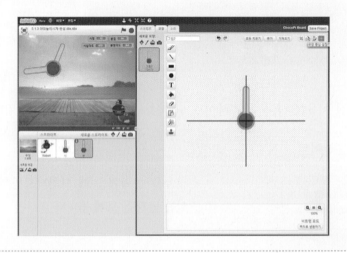

◆ [분] 스프라이트

깃발을 클릭했을 때 분침각도변수에 설정되어 있는 방향을 보게 됩니다.

미션 1　시계의 배경 스프라이트를 추가하여 시간을 보다 쉽게 알 수 있도록 만들어 봅시다.

미션 2　초침을 추가하여 시간을 보다 명확하게 표시할 수 있도록 해보고, 한시간마다 led블록에서 빛으로 표현해 줄 수 있도록 해 봅시다.

미션 3　시간대를 설정하여 다음의 시간대에서는 led 블록의 빛의 색깔이나 밝기를 다르게 표현할 수 있도록 프로그램 해 봅시다.

말하기	시간대	색깔
굿모닝	06:00 ～ 08:00	
바쁜하루	08:00 ～ 12:00	
즐거운 점심시간	12:00 ～ 13:00	
나른한 오후	13:00 ～ 18:00	
집으로 가는길	18:00 ～ 19:00	
편안한 저녁	19:00 ～ 22:00	
깊은 수면	22:00 ～ 06:00	

미션 1 　시계 배경 추가하기

구글에서 clock이라고 검색하여 나오는 이미지를 스크래치x 프로그램에서 이미지로 가져오기하여 스프라이트와 배치하면 됩니다.

[구글에서 clock을 검색한 화면]

미션2~3에 관한 아이디어는 스크래치 홈페이지에서 clock을 검색하여 찾아보세요

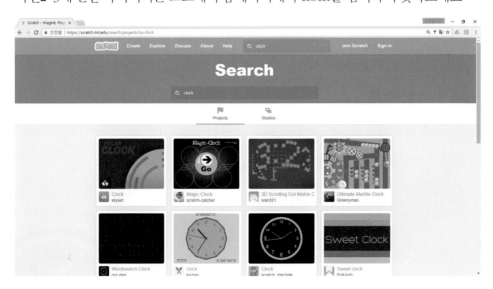

자세한 내용은 초코파이보드 홈페이지에서 확인하세요.

5.1.3 공중부양 루프

● Programming Story

펑크가 만든 스페이스쉽을 타고 하늘을 나르는 경험을 한 빈은 루프로 하늘을 날게할 수 있는 프로그램을 만들고 싶었습니다. 루프는 어떻게 하늘을 날 수 있을까요?

● Design

초코파이보드에 있는 모션블록은 적외선 감지, 가속도, 각가속도 센서가 내장되어있습니다(1장 참조).

가속도 센서를 활용하여 각도를 구한 다음 구해진 각도를 방향으로 삼아 마치 공중에서 부양하는 것처럼 보이도록 합니다.

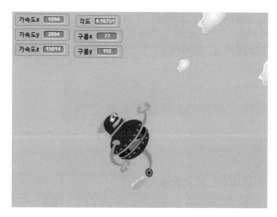

[구름이 지나가는 것을 연출하여 루프가 공중에 뜬 것처럼 표현]

모션블록은 코파이보드의 7번포트에 연결합니다.

[모션블록]

❶ 초코파이보드에 연결된 포트의 번호를 선택합니다.

❷ 모션블록에 연결되어 있는 센서(적외선, 가속도, 각가속도)를 선택합니다.

- 적외선 : 3개의 적외선 센서 내장, 측정 범위(0~4095)

- X, Y, Z 가속도 : 측정 범위(±32767)

- U, V, W 각가속도 :측정 범위(±32767)

● Flowchart

디자인 내용을 읽고 여러분이 원하는 대로 Flowchart를 구성해 보세요.

● Programming

◆ 무대

하늘을 표현할 수 있는 bluesky3으로 설정합니다.

◆ 변수

변수는 가속도 x,y,z, 각가속도 x,y,z, 각도, 구름 x, 구름 y 변수를 만들어 줍니다.

● 스프라이트

◆ 루프

깃발 클릭했을 때

스프라이트 가져오기에서 Robot1를 가져와서 다음과 같이 프로그래밍 합니다.

• 악기를 20번(리드) 사운드로 설정합니다.

● 제어블록에서 무한반복블록을 가져옵니다.

● 가속도 x,y,z의 값을 다음과 같이 정해 줍니다.

모션블록을 초코파이보드 포트7번에 연결하여 가속도 x, 가속도 y, 가속도 z의 값을 각각의 변수에 대입시킵니다.

● 가속도 x축, 가속도 z축의 값을 이용하여 각도(연산블록의 atan 함수 사용)를 구하고 각도변수 값으로 설정합니다.

● 구해진 각도의 절대값을 활용하여 사운드를 재생하고 루프의 방향도 같이 보여줍니다.

스페이스키를 눌렀을 때

● 스페이스키를 누르면 모든 소리를 끄고 스크립트를 멈춥니다.

◆[Cloud] 스프라이트

펑크의 스페이스쉽에서 나왔던 구름모션을 활용합니다.

깃발을 클릭했을 때

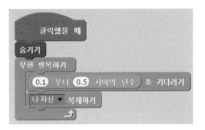

- 구름이 발생하는 간격을 0.1~0.5사이로 정합니다.

구름이 복제되었을 때

- 구름이 복제되면 크기를 난수를 사용하여 다양하게 변경합니다.
- 구름x,y 좌표값을 설정하고 구름을 이동시킵니다.

- x좌표의 범위가 -240에서 240까지를 벗어날때까지 앞서구한 방향값(각도변수)으로 방향보기하고 20만큼 이동하게 합니다.

- 구름의 x좌표의 범위가 벗어나면 복제된 스크립트를 삭제해 줍니다.

미션 1   공중부양 루프를 가지고 게임을 만들어 봅시다.

5.1.3의 구름의 복제와 이동은 아래의 스크래치 프로그램을 참고하여 응용하였습니다.

https://scratch.mit.edu/projects/112016427/#player

스크래치 홈페이지에서 자신이 생각한 게임 아이디어를 응용할 수 있는 다양한 소스가 공개되어 있습니다. 스크래치의 리믹스 기능을 통해서 자신의 게임에 맞게 응용해 보시면 됩니다.

● **Additional Mission!!!** (새로운 생각을 적어보세요)

5.1.4 과거로의 여행

치….치치이이익…띠리리리리온'

이프는 컴퓨터를 켜고 이것저것을 살펴보던 중 다크버그로부터 온 메시지를 보았습니다.

"잘 지내고 있겠지? 내가 부탁한 것은 잘 준비되고 있나? 펑크가 만든 스페이스쉽에 고울들을 심으려고 한다. 여기 내가 보낸 소스가 있으니 이것을 스페이스쉽에 설치하도록…"

'알겠어요. 차질없이 진행할 수 있도록 준비할게요.' 회신을 끝낸 이프는 컴퓨터에 다운로드된 실행파일을 usb에 담아 펑크의 집으로 갔습니다.

"펑크! 나 몇가지 물어볼게 있는데?"

한참 작업실에서 컴퓨터와 연결하여 스페이스쉽의 프로그램을 고치고 있던 펑크는 이프가 부르는 소리에 밖으로 나갔습니다.

"무슨 일이야? 이프. 이시간에?"

"응, 나 이전에 찍어둔 사진파일을 열어봐야 하는데 내 휴대폰에 설치된 프로그램이 잘 작동하지 않는 것 같아서…네가 이것 좀 봐 줄 수 있나해서…"

"응? 그래 뭐, 줘봐 내가 한 번 봐줄게…"

펑크는 이프가 건넨 휴대폰을 컴퓨터에 연결하였습니다.

'띠….띠리리리릭'

"이프? 이거 열어보려면 설치파일을 실행해야 된다는데?"

"아? 그거? 내 사진들 열어보기 위해서 설치파일을 실행해야 하나봐. 그거 열어봐 줘"

'띠..띠리리리릭'

설치파일은 아무일 없이 실행되었고, 다크버그가 심어놓은 버그소스는 컴퓨터에서 실행되어 스페이스쉽의 운영체제 속에 저장되었습니다.

"휴…겨우 설치했네…"

이프는 속으로 이렇게 말하며 펑크에게 다가가 웃으면 얘기했습니다.

"펑크, 와 너 정말 특이한데도 멋진 매력이 있는 녀석인 것 같아.."

이프의 칭찬에 한층 우쭐해진 펑크는 이렇게 말했습니다.

"내가 펑.펑크 아니겠냐…모든 것을 정의할 수 있는 펑선(Function)에서 따온 펑크다."

"그래, 정말 고마워..덕분에 사진파일도 잘 열어볼 수 있게되었네! 펑크, 그럼 나 갈께. 안녕"

'이프, 언제든 놀러와..'

펑크의 스페이스쉽에 설치된 다크버그의 소스는 이프의 음성명령에 의해 반응될 수 있도록 프로그램 되어 있었습니다.

이프는 속으로 알 수 없는 미소를 지으면서 빈의 집으로 향하고 있었습니다.

"그래, 나는 원래 뼛 속까지 미들웨리안이었어..다크버그를 이용하는거야. 스페이스쉽을 실행해서 과거로 돌아간다면 다시 모든 것을 되돌릴 수 있겠구나"

소스 코드 다운 받는 곳		

* (주)한국과학 초코파이보드 홈페이지
  http://chocopi.org/download

초코파이보드로 신나게 풀어보는

스크래치 프로그래밍

발 행 일 2017년 3월 2일

저   자 성영훈, 문외식

발 행 인 오성준

발 행 처 카오스북

등록번호 제25100-2015-000038호

주   소 서울 서대문구 연희로 77-12, 영화빌딩 505호

전   화 031-947-1961,1962

팩   스 031-947-1966

웹사이트 www.chaosbook.co.kr

I S B N 979-11-87486-10-7 93000

정   가 20,000원